Coleção
HISTÓRIA & HISTORIOGRAFIA

Coordenação
Eliana de Freitas Dutra

Renán Silva

Lugar de dúvidas
Sobre a prática da análise histórica
Breviário de inseguranças

Tradução
Cristina Antunes

autêntica

Copyright © Renán Silva
Copyright © Universidad de los Andes
Copyright © 2015 Autêntica Editora

Título original: Lugar de dudas: Sobre la práctica del análisis histórico – Breviario de inseguridades

Todos os direitos reservados pela Autêntica Editora. Nenhuma parte desta publicação poderá ser reproduzida, seja por meios mecânicos, eletrônicos, seja via cópia xerográfica, sem a autorização prévia da Editora.

COORDENADORA DA COLEÇÃO HISTÓRIA E HISTORIOGRAFIA
Eliana de Freitas Dutra

EDITORA RESPONSÁVEL
Rejane Dias

EDITORA ASSISTENTE
Cecília Martins

PROJETO GRÁFICO
Diogo Droschi

REVISÃO DA TRADUÇÃO
Vera Chacham

REVISÃO
Lúcia Assumpção

CAPA
Alberto Bittencourt
(Sobre foto de Beverett / IstockPhoto)

DIAGRAMAÇÃO
Jairo Alvarenga Fonseca

Dados Internacionais de Catalogação na Publicação (CIP)
(Câmara Brasileira do Livro, SP, Brasil)

Silva, Renán
  Lugar de dúvidas : sobre a prática da análise histórica : breviário de inseguranças / Renán Silva ; tradução de Cristina Antunes. -- 1. ed. – Belo Horizonte : Autêntica Editora, 2015. (Coleção História e Historiografia, 13)

  Título original: Lugar de dudas : Sobre la práctica del análisis histórico – Breviario de inseguridades
  ISBN 978-85-8217-622-1

  1. Ciências sociais 2. História 3. Historiografia I. Título.

15-03802   CDD-907.2

Índices para catálogo sistemático:
  1. História e historiografia   907.2

Belo Horizonte
Rua Aimorés, 981, 8° andar . Funcionários
30140-071 . Belo Horizonte . MG
Tel.: (55 31) 3214 5700

Televendas: 0800 283 13 22
www.grupoautentica.com.br

São Paulo
Av. Paulista, 2.073, Conjunto Nacional,
Horsa I . 23° andar, Conj. 2301 . Cerqueira
César . 01311-940 . São Paulo . SP
Tel.: (55 11) 3034 4468

Submeter a própria doença ao arado.
F.N.

A transferência faz parte do objeto.
S.F.

Creio que há algo de verdade quando considero que,
falando no sentido estrito, meu pensamento é só reprodutivo.
Creio que nunca inventei um movimento de pensamento,
sempre me foi proporcionado por outra pessoa.
A única coisa que fiz foi me apropriar dele em seguida
e com paixão para minha tarefa de esclarecimento.
L.W.

Em consequência disso...
este ensaio é um prefácio do início ao fim.
Qualquer especialista que espere mais
ficará decepcionado.
B.M.*

---

* Indiquemos de uma vez a origem das epígrafes utilizadas. A ideia de "submeter a própria doença ao arado" pertence a Nietzsche, que a repetiu em muitíssimos de seus textos. A ideia de *arado* e de *doença*, assim como sua conjuntura, aparece comentada de maneira ampla em Gilles Deleuze (1976). Que a transferência faça parte do objeto é, como se sabe, um tema central do pensamento de Freud e agrega novas complexidades à ideia puramente racionalista das relações entre *objeto* e *sujeito* no campo da ciência. A frase de Wittgenstein que tirou uma gota de seu contexto é simplesmente uma forma estilizada, meio encoberta, de agradecer aos meus professores, por todos os seus ensinamentos. Nesta ocasião, encontrei o texto, que já conhecia, em Jacques Bouveresse (2006). *B.M.* são as iniciais de Benoit Mandelbrot, um dos pensadores mais singulares que alguém pode encontrar, e a frase que cito foi tirada das páginas iniciais de Maldelbrot (1997), e aqui somente indica o caráter provisional e inconcluso destas observações.

SUMÁRIO

Apresentação
Pós-modernismo e desestruturação de um ofício 9

História e ficção 19

O passado é um país estranho 33

O presente oculta o passado 47

Etnocentrismo e anacronismo 61

O problema da linguagem 75

A causa soma, consola, dá prestígio, dá patente
de superioridade moral e nos permite ter
boa consciência perante o próximo 95

Conclusão
O ofício de historiador não é uma prática espontânea 105

Referências 115

Agradecimentos 125

Apresentação

Pós-modernismo e desestruturação de um ofício

Moda: Senhora Morte, senhora Morte.
Morte: Espera que seja hora e virei sem que me chames.
Leopardi[1]

Bem no início do século XX, Norbert Elias produziu uma das críticas mais radicais (e paradoxais) da forma dominante de praticar a análise histórica na Europa, em finais do século XIX e princípios do século XX. O ponto principal da crítica de Elias tem a ver com o que hoje, de maneira usual, chamamos de *a autonomia do conhecimento científico*, ou seja, sua capacidade de se separar dos juízos de valor e das opiniões mais correntes e impensadas que habitam a imaginação de uma sociedade em um determinado momento, e de produzir elementos de conhecimento que estabeleçam alguma distância e diferença – mínimas, pelo menos – em relação às versões que os grupos e os indivíduos de uma sociedade determinada oferecem sobre essa história, quando a consideram a partir de *seus interesses particulares* e de suas *memórias e identidades de grupo*.[2]

---

[1] Giacomo Leopardi [1824]. Cf. uma tradução recente de Carolina Zapata Vidal (2004). Walter Benjamin gostava de citar em muitas ocasiões a primeira linha do texto. Cf., por exemplo, Paris, capital del siglo XIX, *El libro de los paisajes* (2013, p. 61), mesmo que seus tradutores tivessem preferido traduzir "Dona Morte" e não "Senhora Morte", colocaram a frase em forma exclamativa e intitularam o texto como "Diálogo entre Muerte y Moda."

[2] Norbert Elias [1933 para a edição inicial, 1969 para a primeira edição alemã] em Elias (2001, p. 27-59). Uma versão do problema da autonomia do conhecimento tão crítica como a de

Elias assinalou nessas páginas, que ainda são lidas com interesse por sua pertinência ao presente – e penso agora, antes de tudo, na historiografia colombiana –, que a análise histórica seguia sendo um saber caracterizado por uma escassa "autonomia como ciência", entre outras coisas, pelo próprio peso do presente sobre suas análises, já que esse presente, à maneira de um enorme anacronismo, permeava toda consideração sobre o passado da sociedade, o que fazia com que boa parte da análise fosse, antes de tudo, valorações impostas ao passado a partir do presente e, inclusive, a tradução encoberta de opções puramente políticas ou religiosas dos investigadores – reproduzo com muita proximidade as palavras de Elias.[3]

O grande sociólogo alemão acrescentava, além disso, que o trabalho dos historiadores – e ele devia estar pensando nos historiadores alemães e franceses de sua época e da geração anterior – mostrava uma grande dificuldade para ligar teorias – modelos e hipóteses – e trabalho empírico. Como disse Elias, os historiadores "carecem de quadros de referência cientificamente elaborados e verificáveis", acrescentando, umas linhas adiante, a afirmação de que a análise histórica mostrava também, de maneira complementar, uma grande dificuldade para acumular conhecimentos e para incorporar o trabalho das gerações anteriores sobre seu próprio presente.

Todo esse duro juízo – que acima chamamos de paradoxal – ia acompanhado por uma avaliação positiva do trabalho de Leopold Von Ranke (e, por essa via, do *positivismo*, esse gigantesco avanço do conhecimento que na segunda metade do século XX foi convertido

---

Elias, porém talvez mais elaborada em termos conceituais, é a de Pierre Bourdieu (2003). Assinalemos de uma vez que sempre que fazemos citações textuais precisas e amplas damos as páginas respectivas; o caso contrário quer dizer que o que invocamos com a referência é mais o "espírito" da obra. Deixemos estabelecido também que, nos casos em que não se cita o ano da edição original da obra que se referencia é porque tal omissão não rompe com nenhuma das regras documentais da análise histórica, ou seja, que se trata de um caso em que não é necessário tal esclarecimento. E sobretudo deixemos indicado de maneira explícita que nenhuma das referências que serão vistas adiante tem um caráter autoritário. Todas remetem a leituras, efetivamente realizadas, que não são mais que possibilidades e caminhos tentados e em nenhum caso cânone nem ortodoxia. Se às vezes o leitor jovem pode encontrar algumas dessas referências pouco habituais, que esse fato sirva para recordar de que maneira o "pensamento único" se apoderou das referências universitárias das três últimas décadas das ciências sociais como se fosse a única possibilidade existente.

[3] ELIAS, 2001, p. 27.

na *bête noire* de todos os ceticismos e subjetivismos. Elias citará de maneira aprobativa — mas mantendo sua atitude crítica — um parágrafo sobressalente de Ranke extraído de seu *Diario*. São palavras que vale a pena citar *in extenso*:

> A história se parafraseia continuamente... Cada época e sua tendência principal se apropriam e transferem a ela suas próprias ideias. Depois disto se faz a partilha dos louvores e dos vitupérios. Então, tudo é impulsionado para tão longe, que já não se conhece em absoluto a própria realidade. A única coisa útil nesse momento é voltar à informação original.[4]

As palavras de Ranke são eloquentes e reveladoras, e ajudam a dar a conhecer seu contexto à ideia tão criticada de *conhecer a realidade tal como ela foi*, um enunciado nem sempre bem compreendido em cuja análise se tomou o caminho fácil de acusar Ranke de abdicação, perante toda a tarefa interpretativa, e de servidão, diante do que narram os documentos. Dessa maneira, deixou-se de lado o que pode ser mais importante na formulação de Ranke, ou seja, o que se relaciona com a ideia da cultura documental como conquista da *civilização intelectual*, o que lembra que a conquista da erudição no mundo acadêmico foi um ganho intelectual de que não vale a pena se desprender, pelo menos no campo da análise histórica — e isso apesar de seus inevitáveis pesos).[5]

Além disso, a observação de Ranke citada por Elias apresenta a própria *conjuntura historiográfica* em que Ranke propôs seu trabalho e que na opinião do sábio alemão exigia deixar de lado um universo de interpretações preconceituosas e lugares comuns, através do único caminho que o tornava possível nesse momento: *a volta às fontes*, para usar as palavras do velho ideal renascentista; ou como disse Ranke, "A única coisa útil nesse momento é voltar à informação original".[6]

---

[4] ELIAS, 2001, p. 25. O texto de Ranke (de *Hojas de Diario*, 1831-1849) citado por Elias termina da seguinte maneira: "Mas sem o impulso do presente, porventura seria estudada? É possível uma história completamente verdadeira?".

[5] Cf. a respeito Anthony Grafton (1998).

[6] Sem dúvida, Elias não aprova a ideia de Ranke de que a volta às fontes, *por si mesma*, soluciona os problemas da análise histórica, mas agradece a Ranke por relacionar os documentos com os elementos de prova e argumentação no conhecimento histórico e ter favorecido a criação do espaço em que se faz possível propor a pergunta de se "os documentos, as fontes originais

Mas Ranke disse muito mais, e o disse de maneira explícita. De acordo com sua maneira de ver as coisas, os historiadores, sob a pressão do presente, se dedicam antes de tudo a repartir elogios e vitupérios, a exaltar ou a condenar segundo suas próprias apreciações políticas, a apoiar esta ou aquela facção; e enquanto o estudioso acredita narrar, na realidade se dedica a tecer juízos de valor, embora esconda seus valores em uma ou várias citações documentais, que não mudam nada quanto ao domínio que o *comentário* exerce sobre a *análise.* Isso quer dizer que na análise histórica, de maneira prática e dominante, os agrupamentos extracientíficos, os partidos e os ideais com os quais o investigador individual se identifica em sua própria sociedade determinam, em grau considerável, o que obtém das fontes primárias que consulta, às vezes sob uma intenção apologética aberta, às vezes sob uma forma velada, às vezes sem que o praticante do ofício o perceba.[7]

A crítica de Elias/Ranke – que aqui só recordamos de maneira breve – poderia ser vista simplesmente como um exemplo de um tempo longínquo em que as coisas eram feitas desse modo, momento superado em nosso presente e momento em via de superação quando o próprio Elias apresentou sua crítica. Não nos esqueçamos de que cinco anos antes dois professores da recém-reorganizada Universidade de Estrasburgo haviam decidido marchar para Paris levando com eles uma forma nova de entender os problemas da análise histórica, de investigar e de escrever história; um programa de trabalho que, a partir da revista *Annales*, se converteria num pilar da transformação da investigação histórica no século XX, o que em aparência quer dizer que, em grande medida, a crítica não competia senão ao setor mais conformista dos que se dedicavam ao trabalho de historiador.[8]

---

de informação, são a substância da análise histórica" ou não – como se sabe, a resposta de Elias é negativa, como o é a resposta das ciências sociais frente a seus dados e a da análise histórica frente a seus documentos (ELIAS, 2001, p. 25-27).

[7] ELIAS, 2001, p. 25. Em uma época de tanta militância gratuita, que não distingue entre obrigações de ciência e obrigações cidadãs, reiteramos a posição de Elias sobre este ponto: "as valorações e ideais habitualmente transitórios que se derivam das agudas controvérsias de uma época, servem como substitutos [na análise histórica] de teorias relativamente autônomas e de modelos de relações verificáveis e passíveis de revisão a respeito da aquisição de um saber particular novo" (ELIAS, 2001, p. 28).

[8] É preciso repetir que as coisas estavam mudando a uma velocidade surpreendente na cultura franco-alemã desde finais do século XIX. No caso alemão, Elias conhece em detalhe a crítica

É possível que as coisas sejam assim e que a crítica de Elias começasse a ser superada no próprio instante em que era formulada – por isso designamos essa crítica como paradoxal. No entanto, não há dúvida de que essa crítica caracteriza bem uma forma de trabalho largamente estendida até hoje no campo dos historiadores. Não se deve esquecer que essa forma de fazer funcionar a análise histórica em uma sociedade não desapareceu, apesar de que possa ter sido criticada pelo trabalho de renovação da análise histórica, analítica, documentada e construída na relação com as modernas ciências sociais.

No caso colombiano – e em geral no da América Latina, embora as cronologias não sejam sempre exatamente as mesmas e às vezes os hiatos temporais sejam extremos –, a melhora dos estudos históricos, que na Colômbia tem um ponto de inflexão visível em princípios dos anos 1960 e um momento culminante em finais dos anos 1970, provaria que desde então a liquidação das velhas formas de fazer história é um fato consumado e que a crítica de Elias poderia passar ao campo da *análise arqueológica*, como lembrança de um passado que *foi*. De fato, teríamos, de certa forma, mais de meio século de uma evolução historiográfica sem interrupções – ainda que com um ou outro pequeno sobressalto, naturalmente –, o que nos converteria em um bastião da análise histórica metódica, rigorosa, imaginativa, exemplo para qualquer outra comunidade historiográfica, e, além do mais, o que estaria em relação com essa grande expansão que a atividade acadêmica conheceu no campo da História: aparecimento de novos departamentos universitários de História, de novos programas de formação – incluídas as formações doutorais –; existência de revistas de alta classificação nos *rankings*; e certa circulação internacional do professorado – dos quais a maior parte possui hoje um título de doutor e, em alguns casos, certificados de pós-doutorado regularmente obtidos em universidades do chamado Primeiro Mundo.[9]

---

weberiana das ciências puramente ideográficas e a formação do campo das ciências da cultura, em cuja evolução, e com um acento muito particular, participa. Cf. Norbert Elias (1995). Para o caso francês, sobre esses pontos, cf. Lucien Febvre (2009). Febvre, como Bloch, insistiu na importância do período de Estrasburgo e das relações com os sociólogos durkheimianos – especialmente com Maurice Halbwchs –, com os psicólogos e com os linguistas.

[9] O tema das revistas (e demais publicações) dos departamentos de História das universidades pode servir para ilustrar essa particular inversão entre meios e fins que, sob a pressão dos

A ideia que atravessa este trabalho é que, depois do curto verão que constituiu esse fenômeno desigual, designado na Colômbia como *nova história* (c. 1960-1980), a maior parte de suas conquistas incipientes caiu por terra, pois, ante o domínio crescente do pós-modernismo em todas as suas variantes – constituído na ideologia dominante nos estudos históricos colombianos nos últimos trinta anos –, não houve o tempo nem a decisão necessários para haver fundamentado uma tradição de estudos históricos que pudesse resistir à avalanche da academia estadunidense, principal expoente de todos os giros linguísticos, semióticos, visuais, espaciais, etc., havidos e por haver. Uma avalanche cuja consciência sobre seus efeitos destruidores somente nos anos recentes parece existir no que se refere ao que se acumulou de saber e de *saber fazer*, que havíamos recebido como legado da dezena de bons historiadores colombianos que deixaram uma lição de imaginação e maturidade que hoje parece tão distante.[10]

As mudanças advindas tiveram, certamente, várias fontes e possuem aspectos positivos que aqui não ressaltamos, e não é preciso acreditar que dessa modificação se possa fazer uma análise simples, *mono-causal*, ideia a que poderia induzir o título desta introdução. Quis somente indicar *um* dos elementos dessa alteração, e vou fazê-lo recorrendo a uma formulação de Michel De Certeau, um autor que circulou de maneira significativa nestes anos nas escolas de história da Colômbia. Faço-o não

sistemas de acreditação e de *ranking* internacional, terminaram sendo aceitos sem nenhuma discussão. O grande esforço de seus editores tem a ver não com a qualidade dos textos que publicam nem com a possibilidade de produzir debates historiográficos de significação, mas com o cumprimento das condições que demandam as agências de acreditação, sejam nacionais ou estrangeiras. Do lado dos autores o principal é que seus textos sejam incluídos em revistas de alta acreditação e, oxalá, que sejam publicados em inglês e nos Estados Unidos, sem que importe muito a pertinência e significância da matéria investigada. Do lado dos avaliadores universitários dos produtos de seus docentes, o essencial é o meio de publicação, sem importar a novidade ou trivialidade das ideias ou dos argumentos que são expostos.

[10] Mais de meio século depois de ter se iniciado o processo de mudança dos estudos históricos na Colômbia – mudança que tentou colocá-los em dia com o que há muito tempo se fazia na Europa e em outras partes do continente – e há mais de três décadas da publicação do *Manual de historia de Colombia* (dir. de Jaime Jaramillo, 1978-1980) –, já se pode observar com tranquilidade a importância cultural do acontecimento e seu apenas relativo alcance intelectual. Ao que parece, se fez o melhor que se pôde, e a releitura da obra convence de seus achados, mas também informa acerca de suas limitações – por exemplo, nos textos sobre história da arte, da arquitetura ou da educação, ainda mal encaminhados para sua época – e de suas notáveis ausências; por exemplo, uma história da religião católica e do processo de evangelização, as duas grandes forças que modelaram a sociedade a longo prazo, ao lado da monarquia, um tema igualmente descuidado.

porque o brilhante historiador que foi De Certeau seja o responsável pelo que é uma situação mais propriamente municipal e corporativa, mas sim porque me ajuda a sintetizar a ideia de *desestruturação de um ofício*.

Em seu importante livro *A escrita da história*, no capítulo "A operação historiográfica", De Certeau apresentou um esquema geral constituído por três dimensões, as quais são básicas para analisar a maneira como a análise histórica funciona em uma sociedade e como funciona a própria análise histórica.[11] Segundo o autor, a operação historiográfica se sustenta sobre três grandes pilares. Em primeiro lugar, trata-se de um lugar social – o que corresponde à análise da instituição histórica, suas academias, suas associações, seus lugares de formação, suas formas de recrutamento; um terreno conhecido e frequentado por aqueles que se interessam pela sociologia do conhecimento histórico.

Em segundo lugar, trata-se de uma prática, e estritamente uma prática de ciência, de um trabalho de transformação de enunciados que começa com a determinação de um tema – o que acontece no marco de uma agenda de investigação que é socialmente determinada desde o princípio, pois, como disse De Certeau, a "instituição permite e proíbe" – e com a construção de um corpus no âmbito de um arquivo. Como indica De Certeau, a análise histórica não começa "com a palavra nobre da interpretação" e concebê-la dessa maneira equivale a convertê-la, finalmente, "em uma arte de dissertar que apagaria os rastros de um trabalho", de um trabalho que sob sua materialidade – aquele que fazemos no arquivo e com o arquivo – não deixa de ser um trabalho conceitual, com uma forte carga epistemológica ligada às artes da construção de uma demonstração e da administração de uma prova.[12]

Em terceiro lugar, a análise histórica é um exercício de escrita, o que a vincula com a retórica e a crítica literária – embora fosse preciso considerar com cuidado a ideia de De Certeau de que a análise histórica é uma "encenação literária",[13] o que introduz de início um elemento de confusão, pois nem toda narrativa constitui um exercício literário, ainda que se relacione com figuras de linguagem e metáforas.

---

[11] Michel de Certeau [1974] 1982, p. 56-104 (há tradução para o castelhano).
[12] DE CERTEAU, 1982, p. 70.
[13] DE CERTEAU, 1982, p. 88.

Não há dúvida de que uma das mais significativas contribuições da perspectiva pós-moderna – e nesse ponto De Certeau é de maneira muito precisa devedor de Roland Barthes[14] – tem a ver com esta revelação da linguagem e, de maneira muito particular, da retórica; uma verdade esquecida mas conhecida desde a Grécia e desde Roma, um momento da *operação historiográfica* do qual não desaparece, como se crê, em serviço da *escrita*, nenhuma das exigências lógicas da análise histórica. Assim De Certeau o indica de maneira expressa quando fala da viagem "do arquivo ao texto", da "inversão da escrita" – são suas palavras – e dos problemas cronológicos tal como aparecem no momento da escrita – embora tivesse podido acrescentar problemas mais delicados que abordou em outros momentos, como o do *eu* que narra e o delicado assunto dos tempos verbais na construção de um relato histórico, para citar somente o que é matéria conhecida.

O que me interessa ressaltar, sem dúvida, não tem relação com os fundamentos das teorias pós-modernas em história ou em filosofia ou em antropologia – *esse não é o objeto deste texto*.[15] O que quero assinalar refere-se, de maneira exclusiva, com uma *forma perversa de apropriação* de uma proposta historiográfica – cujos fundamentos não discutimos aqui –, o rasgão produzido em um dispositivo quando este foi despojado de sua complexidade e transformado de maneira redutora em um só dos elementos: a escrita, de resto, sem nenhum exame crítico.[16]

---

[14] Cf. Roland Barthes (1967, p. 65-75), citado em múltiplas oportunidades por De Certeau neste contexto e, em geral, de maneira aprobativa.

[15] A bibliografia sobre este ponto do giro linguístico pós-moderno e os estudos históricos é enorme e creio que já deve ser difícil de manejar – embora em alguma parte deva ter sido publicado ou estar em via de publicação um *handbook* sobre o tema. De minha parte, só assinalo os bons e numerosos livros sobre o assunto de Fredric Jameson, um crítico atento porém equilibrado em relação a essas novidades. Cf., por exemplo, Jameson (1999), que, além do mais sabe distinguir com exatidão entre as filosofias pós-modernas – a matriz das diversas estruturas culturais, a partir de uma forma de ligar a vida social e a linguagem – e a sociedade pós-moderna, que é uma maneira de designar algumas das evoluções mais significativas do velho capitalismo depois da Segunda Guerra Mundial, tanto nas sociedades ricas e tecnologicamente avançadas como nas pobres e atrasadas, todas vinculadas agora no âmbito da sociedade global. Sobre as evoluções precisas de Hayden White, o expoente público mais reconhecido da redução da análise histórica (*a imaginação histórica*) a matrizes retóricas identificáveis, cf. White (2010).

[16] É notável que na Colômbia, e em geral na América Espanhola, não haja exames analíticos cuidadosos de um autor como De Certeau, a quem se invocou e citou tanto nos últimos anos – um autor do qual também as instituições universitárias dos jesuítas, em sua vertente pós-moderna, fizeram uma de suas cartas fortes. A recopilação *Releturas de Michel de Certeau (1925-1986)*, sob

É surpreendente, para dizer o mínimo, que quem foi um teórico da *prática* social e cultural – como o foi Pierre Bourdieu, embora com suposições de análise diferentes –, quem criou a expressão tópica de *a invenção do cotidiano* e falou repetidamente das *artes de fazer* no estudo sobre a vida popular, quem elaborou uma das mais radicais teorias das *formas diferenciais de apropriação*, quem deixou em sua oficina de elaboração a ideia essencial de *práticas sem discurso* – uma crítica visível do intelectualismo dos *analistas do discurso* – e quem se apoiou, para boa parte de seu trabalho, nas correntes linguísticas mais próximas da pragmática – de fato queixou-se por suas indecisões para avançar do enunciado à enunciação e o interrogou sobre o lugar de uma história social dos prisioneiros em *Vigiar e punir*, para além do mundo dos dispositivos benthamianos – tenha terminado sendo uma figura emblemática da redução da análise histórica à escrita – que é só *uma* de suas dimensões – e, por essa via, um dos supostos sustentáculos da redução da realidade social às realidades linguísticas, e que seja visto hoje como hoje como o aparente suporte da retórica abundante e exacerbada da *grafia*.

Em todo caso, sobre a base da escassa tradição de trabalho no campo dos estudos históricos na Colômbia, os efeitos da redução da análise histórica à *escrita* têm sido fortemente empobrecedores e desestruturadores do ofício de historiador. De um lado, essa insistência permitiu o exercício do ofício de historiador de uma maneira que favoreceu a permanência da ilusão de que se trata de uma atividade que se realiza por fora de todos os condicionantes sociais que pressionam o trabalho dos historiadores e as agendas temáticas de pesquisa. Tem sido deixada de lado toda a reflexão sobre o que De Certeau chamou de *análise de um lugar social*, ou, para dizer de maneira mais precisa: pensa-se que a análise da *instituição histórica* é um tema puramente histórico que nada tem a ver no presente com nossa atividade de historiadores com a qual se ampliou o campo do *não pensado* pelos

---

a direção de Carmen Rico de Sotelo (2006), parece renunciar de saída a todo espírito crítico e se dedica a "reverenciar" o pai De Certeau. Para um balanço geral sem tom de apologia, cf. Éric Maigret (2000, p. 511-549); e sobre pontos muito concretos da análise (como as *artes de fazer*), cf. Roger Chartier (1998, p. 161-172). Para o estudo do notável caso – em termos conceituais e culturais – de apropriação perversa do pensamento francês nos Estados Unidos, cujas consequências sofremos de maneira especialmente passiva nas universidades satélites do chamado Terceiro Mundo, cf. o informado livro de François Cusset (2005).

historiadores – o caráter social de sua atividade –, quando se trata de um elemento constitutivo de sua prática.

Por outro lado, e isso pode haver trazido efeitos piores, a redução da análise histórica a um de seus elementos significou que todos os aspectos que no trabalho dos historiadores se relacionam com as formas de demonstração, com as maneiras de construção de um argumento, com as modalidades de produção de um contexto, com os efeitos de sobreintepretação e dramatização (tão claros na historiografia colombiana), em uma palavra, com todos os recursos que reclamam a perspectiva da epistemologia e o recurso às operações lógicas, como formas de controle da *operação historiográfica*, foram descartados na investigação e no ensino, e, em grande medida, se converteram em reflexões e exigências alheias e exteriores ao nosso ofício, o que terminou debilitando em alto grau o que hoje se oferece na vida universitária como produto da análise histórica.

Essa situação é a que devemos enfrentar hoje, não para restaurar nenhum velho programa de investigação de uma pretendida idade de ouro – *que nunca existiu* –, e menos ainda para reivindicar um "marxismo" que tem pouco a oferecer, mas sim para avançar em direção a formas mais complexas da análise histórica, mais de acordo com as necessidades do conhecimento histórico e, é preciso dizê-lo, mais de acordo com as expectativas de cidadãos em formação numa sociedade que, do ponto de vista intelectual, se moderniza tão lentamente. Cidadãos que continuam sendo tratados como crianças, para quem seria suficiente repetir todas as mitologias da *memória histórica*, que é, atualmente, juntamente com o *étnico* – o racial disfarçado –, *o ancestral* e a ideia de *vítimas eternas das elites e do controle social*, a roupa nova do imperador, o traje do velho *nacionalismo histórico criollo*, a mais constante tradição de análise histórica que a Colômbia já teve. É por isso que a crítica de Norbert Elias é tão pertinente, em um momento em que pressões de índole diversa debilitam toda a autonomia do conhecimento histórico, coagido a se converter em uma explicação imediata do presente em relação às suas próprias dúvidas, vacilações, lacunas e impasses. Esse é um ponto importante em um momento em que, por diversas esquinas da praça principal – a do poder –, se anuncia uma reinterpretação – em curso – da história da sociedade colombiana.

História e ficção

O humor dominante nas ciências sociais nas décadas finais do século XX impõe a necessidade de recordar que existe uma diferença entre *história* – como análise histórica – e *ficção*. Comecemos, pois, com umas breves palavras sobre este problema. Contentemo-nos, todavia, em assinalar somente alguns aspectos da questão; tão somente aqueles que são importantes em função dos capítulos que se seguem.

Vamos começar por dizer, como o fez há anos Carlo Ginzburg, que aqueles que questionaram essa distinção nos finais do século XX se esqueceram de alguns aspectos dela que são, ao mesmo tempo, óbvios e substanciais – uma coincidência de propriedades que não ocorre com tanta frequência como se poderia pensar. Em primeiro lugar foi esquecido na discussão que quando se postula essa diferença não se declara a existência de uma diferença de *natureza*, mas sim de uma diferença de *grau*. Portanto, conceber uma oposição radical entre essas formas da criação cultural só conduz a produzir uma *falsa oposição*, ou, para afirmá-lo de maneira mais direta, uma oposição pobre que não pode deixar satisfeitos senão espíritos mais simples e pouco imaginativos.[17]

---

[17] Carlo Ginzburg foi insistente sobre este problema. Cf., entre muitos outros textos, sua recopilação em Ginzburg (2007); em particular, a "Introdução", p. 7-14. Recordemos de passagem que o extravio a que induz a crítica pós-moderna da ciência histórica nos primeiros momentos – o que corresponde mais ou menos com a ascensão da *meta-história* de Hayden White – foi logo superada com bom "instinto de historiador" por Ginzburg, que transferiu a discussão do terreno cético e improdutivo explícito na pergunta "essencialista": "é possível conhecer a história da sociedade?" para o terreno produtivo e razoável que interroga sobre as formas históricas específicas de documentar um fato e provar um argumento no campo do conheci-

Em segundo lugar, ao postular essa diferença sob a forma de uma oposição excludente, esquecia-se de que ela tem um *processo histórico de constituição*, ao qual se teria que prestar atenção pelo menos para ter um inventário claro das modalidades históricas que conheceram essa diferença. Lembremos agora, somente, que um dos grandes momentos da instauração dessa diferença, pelo menos na tradição que nos é mais familiar, encontra-se a Grécia clássica, de modo preciso, na obra de Heródoto e, possivelmente, no grupo de parecer amplo de historiadores que lhe foram contemporâneos e cujas obras não sobreviveram, um fato que deveria nos servir para recordar a antiguidade do problema, sua permanência e as soluções singulares que a dificuldade que aí se esconde encontrou na cultura historiográfica ocidental. De qualquer modo, como se nos quisesse recordar a relatividade histórica da distinção entre *mito* e *relato com aspirações de verdade* – que pode ser uma das definições possíveis de análise histórica moderna[18] –, é preciso mencionar que muitos cidadãos gregos designaram o emblemático historiador e rapsodista como *Heródoto o mentiroso*.[19]

O que é preciso ressaltar aqui, antes de tudo, além de recordar o fato de que a diferença entre ficção e história é uma diferença de grau, é que se trata de uma diferença que se constituiu em algum momento

---

mento histórico. Cf. Ginzburg (2002), que corresponde de maneira básica, acrescida de mais alguns textos que antecipam as mesmas linhas de argumentação, à sua publicação de 1999. Para evitar todo o equívoco, torna-se necessário desde já advertir que, com independência de muitas das afirmações posteriores ou anteriores de seu autor e, sobretudo, de seus discípulos e propugnadores, a *Meta-história* de White é um livro inteligente, de amplas perspectivas, de cujo subtítulo rapidamente se esqueceu e que na polêmica posterior se quis, com a ajuda de White, converter em fórmula universal. Cf. White (1995).

[18] A ideia da análise histórica como um *relato com pretensões de verdade* encontrou uma síntese clara e concisa em Roger Chartier (1993), que, digamos de passagem, realizou uma das críticas mais detalhadas e ao mesmo tempo sintéticas das proposições de Hayden White em *Meta-história*. Cf. a respeito Chartier (1993).

[19] Sobre este ponto, cf. o estudo inteligente e renovador de François Hartog (2014), que em princípios dos anos 1980 já salientava todas as consequências de enfoque e de método da *revalorização da linguagem* e da noção de *representação* que se encontrava nos estudos de "historiadores filósofos" como Michel Foucault e Michel De Certeau. Deve-se reparar no fato de que o avanço rumo a novas posições de maior complexidade epistemológica não significou para Hartog uma tomada de posição extrema que tornasse necessário declarar nulas ou caducas obras tão importantes como as de Moses Finley ou Jean-Pierre Vernant, que haviam insistido, há várias décadas, que a Grécia era também uma sociedade e uma economia, e não só o lugar de *invenção do pensamento*; nem requereu a ele continuar a liquidar (imaginariamente) perspectivas historiográficas básicas como as de Arnaldo Momigliano, que havia oferecido os elementos de saber crítico e com pretensão de verdade contidos nas obras que sobreviveram de muitos dos historiadores gregos e romanos.

da história humana – de fato, deve ter se estabelecido em momentos diversos em sociedades diversas sem nenhuma conexão – e que se trata de uma diferença voltada a se reconstituir em momentos diversos sob características muito variadas segundo tipos de sociedades e de culturas. Na realidade, história e ficção mantiveram durante muito tempo um pulso firme, um desafio que por certo tempo assumiu a forma de uma disputa entre história como análise de pretensões objetivas, no sentido moderno da palavra, e literatura como fonte de prazer, como atividade criativa imaginária, como forma particular de conhecimento – mesmo que não, sem dúvida, de conhecimento científico.[20]

A história da diferença entre análise histórica e ficção não tem sido, por assim dizer, um leve desencontro. Sua história é a história de uma *relação de forças* mutável e descontínua, às vezes feita de simpatia, porém desde o século XVIII muito mais de antipatias e de exclusões. Essa história de empurrões e de cotoveladas exige, pois, sua *reconstrução histórica no ensino*, quando se trata de introduzir no conhecimento histórico novas gerações de universitários com aspirações de se converterem em historiadores, se se quer que os aspirantes novatos possam tomar seus caminhos em completa liberdade, sabendo, além disso, que o trabalho do historiador está isento de certezas de verdade *a priori*, apesar das ilusões de método que a vida acadêmica fomenta.

Como se sabe, esse balanço pouco se realiza, porque na docência universitária, de maneira prática, cada geração de professores – o que hoje se chama *doutores jovens* – trata de orientar seus pupilos sobre a base do que receberam em sua formação como o *estado atual da ciência histórica*, quase sempre uma versão unilateral e caprichosa, passada pelas modas recentes e que, para piorar, por sua própria apresentação pobremente histórica, gera uma nova ortodoxia crédula.[21]

---

[20] Sobre a forma específica de conhecimento humano a que a literatura dá lugar, cf., por exemplo, entre várias obras que examinam o problema, o recente trabalho de Jacques Bouveresse (2008), que recorda a verdade elementar de que a única forma de conhecimento não é o conhecimento científico, pois há outras várias classes de conhecimento; da mesma forma, não só existem verdades criadas a partir da ciência, mas também aquelas criadas a partir da experiência e de tipos de reflexão que não têm como seu ideal nem o método nem a prova, ou seja, que não se organizam como discursos lógicos demonstrativos.

[21] Como Albert Hirschman fez notar com ironia, há muito tempo, o efeito puramente reprodutivo – e, portanto, alheio à reconstrução dos dogmas e à crítica dos princípios – que caracteriza a atividade docente, tem a ver com a energia, de todo tipo, investida nos anos iniciais da formação,

No caso das correntes historiográficas dos anos 1980 — que de maneira básica designamos como pertencentes ao *giro cultural ou giro linguístico* e que são em grande medida os efeitos perversos da análise histórica filosófica renovadora empreendida anos atrás por autores como Reinhart Koselleck na Alemanha, Jacques Derrida e Michel Foucault na França, e J. G. A. Pocock e Quentin Skinner na Inglaterra —, as consequências foram duradouras e improdutivas. Com efeito, a crítica — necessária — do legado anterior se fez sob a forma equívoca das *falsas oposições*, de um movimento pendular que rapidamente conduziu, por um lado, à exclusão da análise da maior parte dos condicionantes da ação social considerados como *materiais* e, por outro, à ênfase unilateral que adiante se colocou sobre o que se designava como *o simbólico* e *o cultural*, em um sentido que não deixou de ser empobrecedor se se leva em conta a constante redução de tais fenômenos à *ordem do discurso* — os textos — ou a uma versão simplificada e idealizada das representações sociais, que se separou do mundo das instituições, dos rituais e cerimoniais e das condutas práticas.[22]

Inaugurou-se, então, nos Estados Unidos, uma *guerra cultural* acadêmica, simples e simplificada, que cobre boa parte dos bastante inúteis — no campo das ciências sociais — últimos vinte anos do século XX;[23] um equivocado combate de extremos entre inimigos aparentes,

---

o que conduz a um envelhecimento precoce que se expressa no uso de enfoques e métodos já canonizados, com os quais se sente autoridade e dos quais se derivam benefícios e prestígios em um ramo determinado da divisão do trabalho intelectual. Cf. Hirschman (1996, p. 7-12). Ou como dizia Gaston Bachelard (1938, p. 10): o "homem erudito que vive ruminando o mesmo conhecimento adquirido, a mesma cultura, e que se torna, como todo avarento, vítima do ouro acariciado".

[22] Pierre Bourdieu argumentou de maneira crítica e constante sobre esse movimento pendular que caracteriza as *revoluções teóricas imaginárias* geradas como simples oposição, e indicou que eram sempre indutoras de novas unilateralidades. Cf., por exemplo, Bourdieu (2005); e sob a forma de uma descrição empírica de profunda inspiração teórica, cf. Bourdier (1980, p. 43-244), sendo que há tradução em castelhano. O próprio Quentin Skinner, em minha opinião um dos inspiradores mais precoces do *girolinguístico*, deve ter se distanciado pouco a pouco do que cada vez mais se mostrava menos como uma retificação das velhas naturalidades da análise marxista e se revelava mais como uma forma de idealismo extraviado que deixava de lado todas as conquistas da ciência social no século XX. Daí a insistência de Skinner na definição de seu enfoque como *giro contextual* e não como *girolinguístico*. Cf. a respeito Skinner (2007, p. 45-60).

[23] A noção de *guerras culturais* na vida acadêmica foi tirada de Ian Hacking (2001) que a utilizou nas primeiras páginas do livro mencionado para caracterizar as batalhas em torno da "construção social de..." e outras "lutas teóricas" de finais do século XX.

onde simplesmente se tomava partido por um ou outro dos polos constituintes da oposição, voltando a estabelecer a unilateralidade que se havia querido combater, em vez de tentar *restituir a historicidade* da diferença sobre a qual se queria refletir. Dessa maneira, a análise das formas históricas dessa diferença, o núcleo do problema, foi deixada de lado, e se perdeu a oportunidade de explorar um caminho promissor para empreender uma história do que diversas sociedades designaram, em diferentes momentos, como o campo do *verossímil*, ou seja, do que é possível acreditar e tomar como verdadeiro num momento determinado, que é um dos objetos de investigação que se deriva de uma análise cuidadosa das formas históricas da relação entre história e ficção.[24]

Algo que chama a atenção na maneira como foi enfocada a discussão sobre esses pontos nos dois últimos decênios do século XX é a forma tão pouco histórica como o problema foi exposto, pois, como já indicamos, nunca se levou em conta que se tratava de uma diferença histórica que devia, precisamente, se historiar, isto é, submeter-se à *lógica da análise histórica*, entendida como uma indagação sistemática que se propõe evidenciar o entrelaçamento das *condições e contextos* específicos que permitiram o surgimento de um fenômeno ou acontecimento determinado, como ponto de partida de sua compreensão.

Como um parêntesis necessário, deixemos estabelecido a partir de agora, para a clareza do leitor, o que é que nessas páginas designamos como *análise histórica*, indicando que se trata de uma análise que, no campo das ciências sociais e apesar de seus vínculos estreitos com a Sociologia e a Antropologia, tem suas próprias especificidades e requisitos, que para o trabalho de historiador se relacionam, antes de tudo, com sua atenção para com o tempo e o espaço, pois o eixo temporal e as coordenadas espaciais são constitutivos de sua análise; com o nexo que estabelece a análise com uma documentação específica – acerca da qual informa ao leitor –; e com a hipótese de que o que designamos como *épocas históricas* – um conceito que nunca foi bem esclarecido pelos historiadores, mas do qual não podem se desprender – constituem momentos singulares da existência das sociedades, tanto

---

[24] As indicações de Marc Bloch a respeito são precisas e explícitas, por exemplo, em Bloch (2002), quando indica a existência de *épocas mitómanas* ou recorda que há *marcos sociais* que determinam o caráter verossímil ou não de uma afirmação determinada.

a partir do ponto de vista de suas estruturas sociais como a partir do ponto de vista de suas *representações culturais*, isto é, o que tem a ver com a forma como uma sociedade imagina a si mesma e produz as categorias mentais e lógicas com as quais ordena e fixa os limites da imaginação, quer dizer, o horizonte do possível e, portanto, o marco do provável, do pensável e do crível.

Acrescentemos que se trata de um tipo de análise que afirma que as condições e contextos da ação coletiva e individual – as duas sempre ligadas ao espaço dos marcos sociais de sua realização – se inscrevem sempre tanto nas condições sociais que as configuram – a ordem social de uma época determinada – como em uma ordem intelectual, simbólica, imaginária e de saber, sem que se possam estabelecer *a priori*, entre essas condições, *relações de hierarquia e causalidade*, à maneira de uma pretendida lei externa aos eventos examinados. Essa lei os dotaria de uma inteligibilidade prévia, uma posição que serve à análise histórica concreta para fechar a porta a toda esperança em fórmulas casuais de tipo determinista simples – digamos aristotélico-newtonianas – em benefício de formas de análise que incluem o acaso, o inesperado, a criação singular de acontecimentos no próprio curso do processo (*efeitos* que se tornam *condição*), e todos os avatares, imprevistos e até usos do cálculo racional (que não deve ser confundido com o intencionalismo), que permitem o exercício da liberdade humana no próprio marco de suas inegáveis determinações.[25]

Nada pode ser tão útil para os historiadores como uma discussão sobre as formas contemporâneas de expor o problema da causalidade e o da indeterminação; sobre a forma como a *atividade da ciência*, de

---

[25] Assinalemos, claro, que a abertura para a indeterminação e para o livre jogo de elementos diversos e mutáveis de uma determinada estrutura não quer dizer que um investigador, para um período determinado, no estudo de um problema concreto, não possa assumir como *hipótese* sobre um objeto singular, construído como objeto de investigação, alguma forma particular de determinação (de relações causais) entre os elementos que o configuram. A hipótese de que as forças econômicas têm particular relevância na evolução a longo prazo das sociedades modernas, considerada na perspectiva de sua investigação empírica, não é uma má ideia de investigação. Por outro lado, a ideia de que o novo império chinês de *hoje* se assenta, antes de tudo, no poder da filosofia de Confúcio pode ser uma ideia que requer de uma crítica, pelo menos na chave irônica, que recorde a ligação dessa sociedade ao mercado mundial, a passagem de milhões de camponeses ao novo regime de salário sob o férreo controle comunista e o desenvolvimento de processos de acumulação originária que recordam muito o capitalismo europeu nascente o século XX e algumas das novelas de Charles Dickens em versão oriental piorada.

maneira prática, foi abandonando as ideias *newtonianas* a respeito; sobre o que haviam somado a essa concepção newtoniana as *causalidades positivistas* do século XX, dependentes da ascensão das ciências físico-químicas; e sobre a forma como se foram adotando perspectivas novas como as da análise dos jogos de linguagem, a teoria do caos, as geometrias fractais, o rizoma deleuziano e muitas outras perspectivas que permitiram abandonar as falsas oposições entre liberdade e determinação, entre regra e estratégia, entre ação racional dirigida e inércias sociais. Assim, abrindo os caminhos para poder entender os funcionamentos sociais como processos complexos que são, ao mesmo tempo, presença de determinações sociais e exercício possível da liberdade, sem que para isso haja nenhuma necessidade de introduzir a metafísica do *sujeito livre* e a *vontade*, à maneira, por exemplo, de Sartre – "o homem é o arquiteto de seu próprio destino" – ou das teorias do consumidor racional e soberano dos economistas.[26]

Voltemos, agora sim, a nosso ponto central de consideração, ou seja, ao problema da necessidade da reconstrução histórica da forma particular que em um momento determinado assume uma diferença, a diferença entre história como um relato de verdade e o campo da ficção e da *literatura de imaginação*. É importante ressaltar esse ponto, pois, de maneira assombrosa, os historiadores que supomos se dedicarem ao estudo de formas contingentes e mutáveis cuja genealogia quer estabelecer têm sido os menos dados a pensar os instrumentos de sua própria análise em termos históricos.

Leiam-se com atenção, por exemplo, as observações críticas de Pierre Bourdieu sobre o trabalho dos historiadores, e se encontrará ali uma ilustração do que, sem nenhum exagero, caracteriza o que pode ser a forma dominante média do trabalho que os investigadores do

---

[26] Cf., a respeito, Ian Hacking (1991). Um uso liberado de todas as causalidades de velho estilo e uma colocação em cena de novas perspectivas de análise nesse terreno, com atenção a toda classe de relações, mesclas, combinações, empréstimos intercâmbios *rizomáticos*, etc., é o que faz Serge Gruzinski (2001). Assinalemos definitivamente que, mesmo que esse conjunto díspar que se designa como o marxismo seja responsável pelas piores simplificações no terreno da causalidade, inclusive, às vezes, na própria pena de Marx, também existem, no mais elaborado de sua obra de crítica econômica e de análise política, verdadeiras "iluminações" sobre esse ponto (o que nos permitirá, mais adiante, citá-lo ao lado de Walter Benjamin sem necessidade de forçar os textos). Sobre as noções complexas de *determinismo* e *causalidade* e a ruptura de Marx neste ponto com o horizonte da filosofia clássica, cf. Jindrich Zeleny (1974).

passado realizam, um tipo de análise em que Bourdieu reconhecia seu significado político e cultural, mas também seu descuido conceitual. Queixando-se do trabalho dos historiadores na França nos anos 1980, criticando seu empirismo e sua pobreza conceitual, Bourdieu falava do repúdio dos historiadores a toda reflexão crítica:

> [...] de seu gosto por falsas oposições, do atrativo que encontram na má filosofia, de sua ignorância dos clássicos das ciências sociais e da preferência dada às mais triviais discussões epistemológicas, com o subsequente abandono de toda discussão a partir das práticas de investigação, que são de fato o verdadeiro lugar da reflexão teórica.[27]

Dessa maneira, embora se devesse saber como ponto básico do ABC da formação do historiador que a distinção entre *fato histórico* e *ficção* é um dos fundamentos em que repousa nosso trabalho – pois os historiadores não podem deixar de apresentar a pergunta sobre o caráter histórico, "realmente existente" dos acontecimentos que interrogam –, esta é uma reflexão que pouco aparece sob a sua pena. Os historiadores, além disso, pouco se perguntam sobre as complexas relações entre ordens diversas de fatos e sobre o próprio caráter material "dos fatos de ficção" que não são menos "fatos reais", embora o sejam de outra ordem, como o pode certificar qualquer um que preste atenção em seus efeitos visíveis e invisíveis sobre os mais diversos comportamentos e as mais variadas atitudes humanas, como mostraram as demonstrações clássicas que a respeito fizeram autores como Marc Bloch em *Os reis taumaturgos* ou Geoges Lefebvre em *El gran pánico*, duas obras que parecem não ter sido do conhecimento daqueles que depois pularam em um pé só e gritaram com ênfase que o "imaginário" e o "cultural" existiam e tudo isto depois de que Marx e Freud o haviam explorado e, em grande medida, fundamentado.[28]

---

[27] BOURDIEU; CHARTIER, 2011, p. 15.

[28] Em Karl Marx e em Michel Foucault, dois estudiosos da sociedade moderna com premissas e conclusões tão diferentes e em grande medida incompatíveis – mais além de seu grande repúdio do mundo *tal como é* –, se encontra clara essa *redefinição e ampliação do social* que Foucault chamou de *a materialidade do incorpóreo* e que em Marx fez parte de sua crítica da *necessidade humana natural e universal* em seu trabalho de demolição dos fundamentos antropológicos da economia política clássica. Ao mostrar que a análise não tinha por que distinguir entre necessidades que

Mas a grande lição que tiramos dessas novas perspectivas das ciências sociais do século XX não se refere tão somente com a ampliação da noção *do social* e com o esforço para dar lugar, entre outros fatos históricos que devem ser submetidos a exame, a todas as fabulações e idealizações sem as quais é impossível a existência humana. A renovação conceitual presente na análise histórica e da qual ainda não tiramos o melhor de todas as suas consequências, embora já tenhamos iniciado sua pretendida desconstrução, refere-se também com o fato de dar um *lugar na sociedade* a essas criações do espírito e da imaginação que se encontram na base das crenças e, em geral, da ação humana, ao mostrar que essas realidades não são menos sociais que as demais e que é possível estudá-las em seu papel de formadoras da realidade e de formadas pela realidade, uma perspectiva há tempos praticada pela análise histórica contra a ilusão da existência de ideias desencarnadas, sem relação com os processos materiais da vida social.

Coisas similares ocorrem, como se sabe, no terreno do pensamento filosófico, onde as ideais parecem adquirir sua forma máxima de estilização, embora ao preço de se desligarem de todo rastro de fatos alheios ao próprio âmbito da filosofia. Assim acontece, por exemplo, no caso da ideia que Hilary Putnam – entre outros autores – sustentou em várias oportunidades acerca da derrubada da oposição entre *fatos e valores*, um dos aspectos do problema que consideramos e uma velha oposição com base na qual se constituiu em grande medida, no século XIX e até meados do século XX, o projeto de uma *história científica*. Um processo da constituição histórica de uma diferença que nos trabalhos desse autor não consegue ser pensado sob uma forma histórica nem do ponto de vista da história intelectual, nem muito menos, como era de se esperar, do ponto de vista da história social.[29]

---

vinham "já fora do estômago ou da fantasia", segundo o indica nos capítulos iniciais de *O capital*, recordava que o social imaginado e desejado era parte inexorável da *realidade social*, e não simplesmente a título de *ideologia*. Entre os anos 1930 e 1960, a grande elaboração dessa noção ampliada do *social* nas ciências sociais correrá por conta de Marcel Mauss – atrás da trilha de Bronislaw Malinovski –, com seus estudos sobre o dom e sobre a magia, e de Lévi-Strauss, com suas análises de eficácia simbólica. Cf., sobretudo, Marcel Mauss, *Sociologia e antropologia* [1950], São Paulo, Cosac Naify, (2011); e Claude Lévi-Strauss, *Antropologia estrutural* [1958], São Paulo, Cosac Naify, (2012).

[29] O texto de Hilary Putnam ao qual fazemos referência encontra-se em Putnam (2004). Sobre a fundamentação dessa distinção em princípios do século XX, cf. as edições recentes das obras

Como se sabe, uma das formas mais agudas e radicais de apresentar esse problema se encontra na análise de Nietzsche – em grande medida reconhecida na epistemologia weberiana de princípios do século XX com sua caracterização das *ciências da cultura*; porém a crítica dessa oposição entre fatos de valor e fatos de realidade e a devolução à ciência de seu caráter interpretativo – e não simplesmente o atributo de ser uma "explicação objetiva" – deve ser *historizada* e colocada em relação com processos complexos da vida social e cultural. Não deve ser pensada somente como o resultado das disputas entre filósofos ou como o produto do "avanço do conhecimento", ou simplesmente registrada como o momento da chegada à cena intelectual de uma geração de acadêmicos precocemente céticos. Embora nunca nos sejam ditas quais foram as condições nas quais essa atitude cética, e a crítica da ciência que a acompanha, se constituiu, ou como chegou a ser a forma pública dominante do problema, e isso apesar de que Putnam advertisse que essa distinção não é simplesmente uma dicotomia excludente e recorde que os valores epistêmicos também são valores, "o que não quer dizer que sejam arbitrariedades".[30]

O ponto recém-anotado deve nos conduzir a uma observação ainda mais explícita e radical sobre a dificuldade, já assinalada, que experimentam os historiadores e em geral os filósofos e os trabalhadores das ciências sociais para pensar historicamente seu trabalho e seus *próprios instrumentos conceituais*. A ênfase precisa ser colocada, pois a distinção entre *história*, como análise, e *ficção*, como feliz atividade imaginativa, é para os historiadores, ao mesmo tempo, um *resultado* de suas análises e um *instrumento* dessa análise; uma forma de construir uma diferença que é ao mesmo tempo uma fronteira e que indica o

---

de Max Weber (2013, 2010). A ideia de uma *história científica* – em parte uma criação da cultura alemã de finais do século XVIII e do século XIX, continuada depois na tradição francesa de princípios do século XX – se encontra bem exposta em repetidos textos de Georg G. Iggers. Cf., por exemplo, Iggers (2012). Mas descubro que John Burrow (2013), em um livro de grande utilidade acadêmica, oferece uma versão mais tranquila do surgimento da *história científica* e acrescenta o mérito de chamar a atenção sobre a relatividade desse paradigma, seu caráter transitório e a necessidade de os historiadores não "medirem" as historiografias de outras épocas com esse critério da *história científica,* e considerarem menos o projeto historiográfico do século XX como se se tratasse da culminação de um processo histórico universal, e não como o que é, uma pequena baliza em uma das províncias historiográficas do universo, destinado a envelhecer rapidamente como de fato se tem demonstrado!

[30] PUTNAM, 2004, p. 21-83.

horizonte de possibilidades em que se tornam compreensíveis os objetos de investigação com que cada geração de historiadores se encontra e trata de ampliar, contradizer ou simplesmente aceitar.

Os objetos suscetíveis de historização, que são os que em cada *momento historiográfico* encontram seu lugar em uma agenda investigativa, são uma das grandes pistas para seguir quando se trata de refletir sobre as formas como uma sociedade pensa sua relação com o tempo. Mas para se aproximar dessa agenda é preciso que se imagine sua particular constituição histórica e a maneira como uma comunidade acadêmica – e, *sobretudo*, uma sociedade – separa os costumes reflexos de uma época e de umas instituições, objetos *sociais* considerados como *naturais*, para convertê-los por seu próprio trabalho genealógico em objetos *históricos*.

Como repetiremos várias vezes ao longo dessas páginas, a *historização* de que falamos não se refere simplesmente, como muitas vezes se crê, aos *objetos sobre os quais investigamos*, mas inclui, como premissa maior, a *historiação dos instrumentos com que trabalhamos*, com os quais tratamos de produzir essas análises que designamos como históricas. Mas os historiadores parecem encontrar em sua prática habitual uma dificuldade maior, quase insolúvel, para conduzir a "história" a seus instrumentos de trabalho, como se as noções e os conceitos que utilizam estivessem amplamente presos ao conjunto de circunstâncias sociais da época que os viu aparecer.

Essa dificuldade radical para pensar a historicidade de seus próprios instrumentos se expressa, por exemplo, na aceitação confiante que os historiadores fazem de pares de noções como *elite* e *massas*, *cultura de elite* e *cultura popular*, *sociedade de corpos* e *sociedade de indivíduos*, *sociedade* e *comunidade*, *Estado* e *mercado*, etc., como se essas noções não contivessem sempre um "resíduo" de sua época e condições de formação que o trabalho epistemológico de cada investigador deve submeter a escrutínio antes de que os velhos sentidos de época e os significados culturais do passado se transfiram em silêncio, para suas próprias análises.[31]

Podemos começar a concluir este primeiro capítulo fazendo mais uma observação. Refere-se a um juízo implícito que esteve

---

[31] Cf., a respeito, as páginas exemplares que Chartier (1995, p. 121-138). Igualmente, cf. Annick Lempérière (2012, p. 15-42), onde se chama a atenção sobre a forma como as análises sobre o Estado e os governos resultam condicionadas pela própria *cultura social* do investigador – sobre a qual pouco nos interrogamos.

presente nas discussões de finais do século XX sobre as relações entre análise histórica e ficção, e que permanece indiscutida. Trata-se de uma avaliação que coloca do lado da ficção o prazer, a imaginação e a escrita lograda; e as virtudes contrárias, do lado do trabalho dos historiadores, que tenderiam a ser insossos e chatos por seu "apego positivista ao método", aos "fatos" e à "realidade".[32]

Abundam as provas de que o assunto é mais complexo. Não só porque as bibliotecas estão repletas de poesia ruim, de ensaios ruins e de romances ruins, o que indica que não basta se declarar como autor de um trabalho inscrito no campo da livre criação para que a maravilha e a genialidade se produzam; mas porque nessas mesmas bibliotecas se encontra certa quantidade de livros de história de gratíssima leitura, verdadeiras aventuras da imaginação. O mesmo para obras de análise histórica erudita que, do ponto de vista da escrita (e isso acontece desde Heródoto), são modelos das mais altas formas de criação de linguagem e de empregos memoráveis da imaginação. O século XX, por exemplo, em obras como as de Georges Duby, Michel Foucault, Jonathan Spence, Timothy Brook, Robert Darnton ou Carlo Ginzburg (em alguns de seus textos), para citar somente os casos de fácil aceitação, é uma prova visível dessa afirmação. É claro que existe a terrível prosa acadêmica, destinada a desanimar qualquer leitor com vontade de aprender e de desfrutar, mas não é preciso esquecer que na literatura também existe Paulo Coelho – como na canção popular existe Julio Iglesias.

Além disso, ao mesmo tempo, os críticos da *imaginação histórica* deveriam recordar que o gênero tem suas próprias exigências, que

---

[32] Nos estudos universitários de história e de ciências sociais este juízo implícito opera como uma forma de crítica que pareceria, em princípio, uma demanda dirigida a potenciar a imaginação, a incrementar a leitura da literatura – o que seria maravilhoso – e a exigir da parte dos docentes melhores formas demonstrativas e melhores qualidades na escrita de seus textos. Depois de olhar as coisas mais detalhadamente, tudo indica que se trata mais de uma petição de princípio por um ensino fácil e sem nenhum tipo de requisito quanto a erudição e a demonstração. Os efeitos da passagem da leitura de livros à leitura de fotocópias e a promoção unilateral das formas audiovisuais no ensino parecem ser, em boa parte, os condicionantes dessa nova atitude que exige dos docentes de História que contem "histórias agradáveis" e não que apresentem problemas dignos de serem investigados, razão pela qual deixam de lado a parte mais interessante, ou seja, a que tem a ver com tudo o que ignoramos e com a crítica de tudo o que é supostamente sabido. Trata-se de um modelo docente que deveria ser repensado se se quer que o ensino não constitua o campo da extensão e reprodução de mitos e estereótipos, mas sim o campo da formulação de perguntas que podem eventualmente chegar a ser o começo de uma reflexão.

são aquelas de um tipo de saber específico. Anular singularidades e matizes não é a melhor forma de estabelecer uma diferença, e leva, com toda a certeza, a viajar a esse país monótono onde todos os gatos são pardos e não há maiores necessidades de definir outras cores e intensidades. O conhecimento e a análise da história e do presente da sociedade é sempre uma aventura, mas não como as do History Channel, e sim como aquelas que exigem que nos expliquemos, perante os outros e perante nós mesmos, a respeito de nossos preconceitos habituais, e que estejamos dispostos a assumir a intranquilidade e o descontentamento como um estilo de vida, à custa, é claro, de certa solidão.

A tentativa de fazer da imaginação uma propriedade inquestionável e encantadora *per se*, supostamente presente, por exemplo, no chamado *romance histórico*, mas ausente na análise que os historiadores realizam, é uma forma de mostrar pouco conhecimento da especificidade do trabalho da história. É uma classe de análise que, por princípio, impõe restrições que se derivam do fato de que trabalha com "informação incompleta"; um tipo de análise em que as lacunas de informação não podem ser enfrentadas nem com suposições rápidas nem com o recurso à fantasia ou à invenção descontroladas. Sua única possibilidade é o *uso controlado* da *imaginação histórica*, uma ferramenta que tem regras precisas de utilização relacionadas com a forma de tratamento de um material documental que se constrói com ajuda da teoria, com a própria capacidade analítica do investigador e, sobretudo, com um conhecimento detalhado das condições gerais de existência da sociedade que se quer compreender – suas condições de possibilidade, o horizonte de suas expectativas de ação, o campo de seus possíveis – e que constitui o verdadeiro âmbito que permite, perante a dúvida, que se decida por esta ou aquela afirmação.[33]

---

[33] Georges Didi-Huberman (2013, p. 100, 109), falando acerca das formas como Walter Benjamin imaginava (e praticava) o ofício de historiador, recordará que a tarefa complexa de apresentar e representar a história dos que não figuram nos "anais oficiais" é uma tarefa de altas exigências, a partir do ponto de vista tanto da descrição como da análise, tanto do ponto de vista das teorias – os enfoques postos em marcha na análise – como do ponto de vista dos arquivos e dos documentos. É uma tarefa, segundo Benjamin, ao mesmo tempo "filológica e filosófica", que exige "explorar arquivos onde os 'conformistas' jamais metem o nariz (ou os olhos)"; uma tarefa que exige também "uma armadura teórica e um princípio construtivo do qual a história positivista está completamente privada".

É preciso insistir sempre em que uma diferença não é uma desigualdade nem um sinal de inferioridade de nenhum dos elementos postos em relação. A ideia de que a análise histórica é um relato com pretensões de verdade não deve aterrorizar aos historiadores e levá-los a pensar que seu ofício é uma prática menor do ponto de vista da imaginação e da escrita. Deveria, ao contrário, fazê-los refletir e olhar com surpresa a forma ingênua como seu trabalho continua sendo representado dentro desse grupo amplo de leitores que poderia ser seu público potencial. Antes de invejar os sucessos de livraria do chamado – entre nós – *romance histórico*, os historiadores deveriam consultar com mais frequência os textos de Edgar Allan Poe, de seus contos chamados policiais, nos quais propôs a diferença precisa entre *fantasia* e *imaginação*. E não deveriam esquecer que o inspetor de polícia que aparece, por exemplo, em *A carta roubada*, é um espírito fantasioso, mas completamente carente da imaginação que mostra Auguste Dupin, o *alter* construído precisamente para ressaltar as limitações do *locus comunis* que se põe a fantasiar (como dizia Marx), tão abundante, por exemplo, no chamado romance histórico colombiano.[34]

---

[34] Sem discutir agora *in extenso* esse *anacronismo sistemático* que na Colômbia se conhece como *romance histórico* e do que têm sido vítimas recentes a Conquista espanhola do século XVI, a sociedade *hispano-colonial mestiça* do século XVII, o cientista Francisco José de Caldas, o pobre libertador Simón Bolívar e sua amada Manuela ou militares e homens de Estado posteriores como Tomás Cipriano de Mosquera (de quem se perseguiu sua vida íntima e erótica), tudo com grande infortúnio para as letras e para a reconstrução de cada uma dessas épocas históricas, podemos nos limitar a sublinhar sua permanente atitude de ignorância a respeito das dimensões e possibilidades sociais das épocas contempladas por esses textos e seu total desconhecimento da linguagem que os caracteriza e particulariza. Referências maiores como as de Bertolt Brecht (*A vida de Galileu Galilei*) ou Marguerite Yourcenar (*Memórias de Adriano*) recordam não só o desconhecimento que os autores nacionais têm das técnicas acumuladas pela literatura neste campo, como também o sacrifício de seu trabalho à ideia ingênua de que basta pensar sobre um personagem e uma época e supor-lhes uma cotidianidade como a atual (se bem que um pouco arcaizada com estilos de linguagem tradicionais) para poder estar em condições de oferecer as chaves da mentalidade, da sociabilidade, da sensibilidade e o horizonte de imaginação de uma época. Falando em termos estritos, pode-se afirmar, sem exagero, que o encontro entre esse tipo de obras e o aplauso do leitor evidencia o caráter dominante que a mais tradicional das representações do saber histórico e do ofício de historiador tem em uma sociedade como a nossa, e quão distante se encontra a análise histórica moderna de seus potenciais leitores, além do reduzido círculo acadêmico.

O passado é um país estranho

O título de um conhecido livro de história escrito por David Lowenthal, e que utilizamos aqui para iniciar este capítulo,[35] facilita nos dirigirmos de imediato ao núcleo do problema que queremos considerar. A questão dos obstáculos para escrever uma história verossímil, que efetivamente dê conta dos aspectos singulares da vida social em uma época determinada, de tal maneira que a leitura dessas obras nos permita ao mesmo tempo fazermos uma ideia da sociedade estudada e, por comparação, uma ideia mais precisa de nosso próprio presente.[36]

Aparentemente, o assunto parece simples. Não dá trabalho, ou não deveria dar trabalho, imaginar que em outras sociedades, em outros tempos, as pessoas viveram sob formas diferentes das que hoje conhecemos.[37] Desse ponto de vista, é preciso recordar que nada seria

---

[35] David Lowenthal (1998). A frase se tornou um tópico, mas suas virtudes heurísticas permanecem. Pertence ao escritor britânico Leslie Poles Hartley (1895-1972): "O passado é um país estranho. Ali as coisas são feitas de maneira diferente", de quem Lowenthal a extrai e cujo caminho temos seguido, que não é em nada diferente daquele dos antropólogos e do de nosso maior antecedente na etnografia: Heródoto.

[36] As reflexões apresentadas nestas páginas se inspiram muito de perto na noção de *obstáculo epistemológico* de Gaston Bachelard (1938, p. 15, 19). Referindo-se a seu próprio terreno, antes de tudo o do ensino das ciências físicas, Bachelard indica que: "se conhece contra um conhecimento anterior, destruindo conhecimentos mal adquiridos ou superando aquilo que no próprio espírito é obstáculo à espiritualização". Um pouco antes, falando sobre o mesmo problema, havia indicado que: "não titubeamos em empregar às vezes um tom polêmico insistindo no caráter de obstáculo que apresenta a experiência, considerada concreta e real, considerada natural e imediata".

[37] "O real não é nunca 'aquilo em que se poderia acreditar', mas é sempre aquilo 'em que deveríamos ter pensado'" (BACHELARD, 1938, p. 15).

tão útil para a formação dos historiadores como seu conhecimento dos principais trabalhos etnográficos clássicos, com suas lições repetidas acerca da diversidade humana. Em breve texto recente, lido por ocasião da condecoração com a medalha da investigação científica na França, Philippe Descola recordou que "outro aporte [das ciências sociais], mais especificamente antropológico, tem a ver com o fato de que os investigadores de minha disciplina [a antropologia] acumularam, com o passar do tempo e nas quatro esquinas do planeta, uma experiência de formas de vida coletiva fundadas sobre premissas diferentes das nossas", com o que se lembra do papel de "iniciação" à diversidade humana que as ciências sociais cumprem.[38]

Esse conhecimento etnográfico do qual falamos, que dentro do possível deveria começar pela leitura do próprio Heródoto – sistematicamente ignorado nas escolas de história –, é uma via régia que pode não só nos ajudar na cura de nossa terrível ideia de que todas as famílias, as escolas, as igrejas e as sociedades se parecem com as que têm sido as nossas, mas também nos permitir, no que deve ser uma *atitude comparativa permanente*, estender a ideia de diversidade humana ao passado das sociedades que estudamos, para nos ajudar no caminho do *estranhamento* e *afastamento conceituais* a respeito das formas sociais em que crescemos e nos permitir um acesso menos difícil ao terreno da *autoanálise histórica de si mesmo* (como lugar de relações sociais e históricas); dois requisitos básicos para o trabalho no campo do estudo das sociedades do presente e do passado.

Deixamos de lado o problema complexo – mas não impossível de expor e abordar em termos práticos racionais – da utilidade de um conhecimento mínimo da psicanálise no processo de formação daqueles que querem se dedicar ao estudo do mundo social de ontem ou de hoje (ou melhor, *e* de hoje); e penso, sobretudo, em historiadores e antropólogos. Mas não nos abstemos de indicar, simplesmente, contra o autoritarismo do sentido comum, que a psicanálise não é uma forma de tratamento de "loucos" e que a aspiração de que a investigação social seja uma *prática racional* – para utilizar a conhecida expressão de Pierre Bourdieu – passa pelo esclarecimento mínimo

---

[38] Philippe Descola (9 de abril de 2013, on-line); e depois, com variações, Descola (maio de 2013, p. 26-29).

das tendências profundas da vida afetiva de quem decidiu tomar o caminho de *falar dos outros* e sabe que seu trabalho produz formas de designação e classificação que são marcas sobre *o corpo dos outros*.

A partir do ponto de vista das relações entre conhecimento, interesses e afetos, poder-se-ia pensar que boa parte do populismo e do cristianismo de elite daqueles que hoje falam de negros e de índios e, em geral das minorias, nas ciências sociais na Colômbia, deriva da própria forma como abordam o problema: como se se tratasse de uma ação desinteressada e carente de suposições, que afetariam os outros, mas não os novos discípulos de San Pedro Claver e do Padre de Las Casas. De resto, não se deveria esquecer que, na perspectiva do próprio Freud, a psicanálise não foi convocada a ser no futuro uma prática de consulta privada, mas sim uma forma de crítica da vida cotidiana e da literatura, quer dizer, de esclarecimento da vida coletiva e individual.

Coloquemos, então, nova ênfase no fato de que a existência do *pensador* como *ser social* não é um dado desprezível quando se considera a própria atividade do *pensador* e seus resultados. Reconheçamos que não se trata de um assunto simples – muito ao contrário! – como aparentemente se poderia pensar, e não percamos de vista que, quando o problema é apresentado (ainda que não seja exposto com tanta frequência como se gostaria, o que já é um *sintoma para interpretar*), isso é feito por meio de formas que se constituem, elas mesmas, em um verdadeiro obstáculo para sua compreensão.

Em primeiro lugar, ilusões à parte, é preciso reconhecer nossa dificuldade para imaginar formas de vida social diferentes das que conhecemos, tanto no passado como no presente. Sobre o futuro, é preciso saber que de fato boa parte do cinema designado como *de ficção* e realizado em Hollywood constitui uma tediosa *projeção do presente sobre um suposto futuro* (doce ou ameaçador) que nos espera sem exceção possível. A imaginação de algo diferente do que somos agora – que é parte da imaginação de um passado diferente – é uma conquista cultural à qual não se chega com tanta facilidade como se pensava. Inclusive, poderíamos razoavelmente supor que boa parte da crise que vivem as nossas sociedades está relacionada com nossa incapacidade de apresentarmos outras formas de desejar e outras formas de imaginar, não só os objetos da ciência, mas antes de tudo os da vida cotidiana e as possíveis formas alternativas de relações sociais entre as pessoas, o que nos lembra até que ponto a forma presente de sociedade calou fundo em nossa maneira de imaginar.[39]

Em segundo lugar, em relação com o ponto que mais nos interessa, é preciso lembrar as análises de Marx sobre o que designou como processo de *naturalização*, indicando com essa noção um complexo fenômeno social e espiritual que consiste em *despojar os processos de sua história*, de sua gênese, de suas formas evolutivas, de suas transformações; o que faz com que confundamos as formas terminais, acabadas, finais de um fenômeno, com sua única forma possível. Como talvez se saiba, os capítulos iniciais do primeiro tomo de O *capital* estão repletos não só de alusões gerais ao problema, mas também de detalhadas análises sobre tal processo de naturalização estudado sob a forma "enigmática" de como a mercadoria se apresenta diante de nossos olhos e como todas as modalidades históricas de surgimento da relação social que a suporta desapareçam do horizonte. Esta é a razão pela qual o próprio processo de produção da vida social se converte em um resumo da fórmula *sempre foi assim*, o qual permite não só a naturalização do processo, como também seu complemento: a *universalização* – e a universalização das fórmulas com que a economia política clássica o pensa.[40]

Assim, pois, nos encontramos sempre a um passo de declarar que o que *é* sempre *foi*, sempre esteve ali, sempre nos acompanhou. É possível que admitamos algumas variações entre os fenômenos de agora e os de outro tempo, mas se trataria, em todo caso, de variações menores. Estamos, então, diante de uma ilusão que descansa sobre um

---

[39] Como observava Walter Benjamin (2008, p. 2.) em suas teses sobre a filosofia da história, "a imagem da felicidade que abrigamos se acha inteiramente tingida pelo tempo *que, definitivamente, nos relegou o curso* de nossa existência".

[40] Uma introdução simples de caráter histórico ao problema pode ser lida no capítulo LII de O *capital* – tomo I – que trata das origens do capitalismo: a "chamada acumulação originária", como disse Marx. Tal apresentação inclui algumas das melhores piadas que se pôde fazer sobre as afirmações que Adam Smith fez a respeito – no mais, Marx se esforçou por indicar em grande parte de sua correspondência que essa gênese, apenas esboçada, não levava em conta senão as origens históricas desse tipo de sociedade em uma área bem circunscrita da Europa Ocidental, e que não se tratava de um estudo abstrato das origens universais de tal *modo de produção*. Um uso alegre e crítico do enfoque de Marx sobre este ponto da naturalização das relações sociais, enriquecido com muitas perspectivas de análise que Marx não pôde conhecer – a linguística moderna, a etnologia, a psicanálise –, é o que fez Roland Barthes (2001), já há meio século, em *Mitologias*. [1957], 11ª ed., Rio de Janeiro, Bertrand Brasil, 2001. Cf., igualmente, as observações agudas de Jean Baudrillard (1995) sobre esse tema.

falso universalismo antropológico, no que, sem dúvida, se esconde a ideia de *natureza humana perene*, ao mesmo tempo em que a maneira de conceber o problema nos leva a considerar que homens e mulheres são de maneira básica os mesmos desde o começo de sua existência na terra. Pode ter mudado a paisagem, podem ter se modificado as formas de criação da riqueza e as tecnologias e saberes que as facilitam, devem ter se modificado as relações sociais que vinculam as pessoas entre si, porém, de maneira básica, segundo esse juízo, os homens e as mulheres continuam sendo os mesmos, tal como Deus ou a evolução terminou por fazê-los em um passado distante.[41]

Temos, todavia, necessidade de pensar esse problema e essa definição universalista do homem e dar toda sua força à noção de *forma*, tão importante, por exemplo, no pensamento de Marx, ou à noção de *configuração*, no sentido de Norbert Elias. As formas, que são o verdadeiro *conteúdo* dos processos, não são simples variantes de essências internas sempre idênticas a si mesmas. Não são de nenhuma maneira o que os estruturalistas dos anos 1960 denominavam *combinatórias*.[42]

O caráter radical das diferenças entre as formas sociais, e os indivíduos que de maneira coletiva as produzem, tem sido conduzido a um de seus pontos mais elevados contra toda definição kantiana dos

---

[41] Quentin Skinner recordou em várias oportunidades o que escutou de seus professores na sua chegada a Cambridge para começar seus estudos de filosofia, quando lhe indicaram que, embora as soluções dadas por diferentes pensadores aos problemas da política e do Estado tivessem mudado, os problemas continuavam sendo os mesmos desde a "eterna Grécia" – curiosamente, nunca se vai mais além, como se tudo houvesse começado com os gregos –, pois se trata de *problemas perenes,* sempre idênticos a si mesmos, o que, no fundo, torna acidental as diferenças entre isso que, por exemplo, Platão chamou o *Estado*, ou Aristóteles, a *política*, e o curso dessas realidades na época moderna. Para captar o espírito da crítica de Skinner, cf., por exemplo, Skinner (2007, p. 109-164); veja-se em particular a citação n. 7 sobre as chamadas *questões permanentes ou perenes* em filosofia, e preste-se particular atenção a sua crítica da obra de Arthur Lovejoy, *A grade cadeia do ser* [1960], que continua sendo um dos "faróis ocultos" com que os professores universitários persistem em ensinar o que chamam *história da filosofia* (da obra de Lovejoy, há tradução em castelhano [1983]). Assinalemos somente de passagem que a ideia de *problemas perenes* e *questões permanentes* e de *sujeitos econômicos* sempre idênticos a si mesmos tem uma de suas expressões mais generalizadas e grosseiras no pensamento econômico – e na "economia" que se ensina nas universidades –, como mostram as tentativas repetidas de converter a história das formas de criação de riqueza e de sua distribuição numa história dos sistemas econômicos e dos agentes, calcada na que desenhou o pensamento neoclássico para a economia capitalista do mundo moderno. Para uma crítica precisa desses pontos, cf. Pierre Bourdieu (2006, particularmente, p. 37-65).

[42] Para o conceito de *forma*, no sentido em que aqui utilizamos, cf. Karl Marx (2008, cap. 1).

a priori, por pensadores como Michel Foucault, quando introduziu o problema da *historicidade dos sujeitos* em sua forma mais complexa. Isso, ao mostrar que a história do saber e do conhecimento não é simplesmente a história de conhecimentos e saberes que mudam enquanto os sujeitos de conhecimento permanecem idênticos a si mesmos, mas sim a história de um processo em que se modificam o conhecimento e os sujeitos do conhecimento, e que uma história das formas de se apropriar do mundo deve partir do fato de que aqueles que se apropriam do mundo são, em cada época histórica, sujeitos diferentes.[43]

As mudanças que mencionamos se inscrevem no que tradicionalmente se designa como *longue durée*. Quando falamos delas, nos referimos a configurações culturais maiores, que se escondem em um marco de aparente continuidade e que se cristalizam em grandes períodos de tempo, nos quais *não só o tempo transcorreu*, mas que algo transcorre no tempo. Não se trata, pois, de que as configurações humanas de sensibilidade, de produção, de conhecimento, de percepção, de apropriação do mundo... mudem a cada semana, se modifiquem ao som do tambor da chegada de um novo governo ou do surgimento de uma nova legislação. Não se trata de uma soma de eventos circunstanciais inscritos na simples lógica do acaso e do arbitrário que vá produzindo por acumuladores sem ordem nem lógica "novas naturezas humanas", em cuja fabricação a moda e o efêmero teriam o papel principal.

Na realidade, os trabalhos do tempo, das estruturas, do acontecimento e do evento singular e plural são a base das grandes modificações sociais que nos permitem dizer, no nível das escalas e das durações específicas da análise social, o que Jorge Luís Borges dizia referindo-se a uma pessoa individual: "Eu que tantos homens fui". As grandes obras de análise histórica, essas que estudam os acontecimentos sem perder de vista que a substância de sua análise se relaciona com

---

[43] A radicalidade de Michael Foucault sobre esse ponto comove (e convence!). É claro que levou mais longe esse problema do que qualquer outro dos pensadores de sua geração filosófica. Somente para dar um exemplo, a respeito de uma *orientação* que é uma *constante*, em uma obra que teve grandes modificações entre 1960 e 1984, cf. Michel Foucault (2003); e do mesmo autor, as páginas memoráveis que, sobre a transformação dos *sujeitos da verdade*, escreveu em sua reconceituação do primeiro projeto que havia traçado para seu estudo histórico da sexualidade (FOUCAULT, 1984, p. 9-37).

o papel formador e transformador do tempo (digamos, obras como *O Mediterrâneo e o mundo mediterrânico na época de Felipe II* ou *O processo civilizador: Uma história dos costumes*, de Elias, ou *A sociedade feudal* de Bloch, para dar alguns exemplos velhos e conhecidos), são obras que perseguiram essas mudanças, no âmbito de uma historicidade radicalizada e de uma desconfiança crescente a respeito da ideia de *essências imutáveis*, e o que fizeram porque, estando atentos às próprias mudanças de sua sociedade, viram a maneira em que as sociedades são sujeitos de mudança, pelo menos em certas épocas de sua existência.

Tomemos um exemplo simples, mas significativo, que permita que nos introduzamos em um problema cuja forma atual de apresentação por parte da maioria do trabalho histórico acadêmico em nosso meio deixa muito a desejar. Creio, por exemplo, que a maneira como se coloca em questão a crença no caráter natural do *amor materno* em uma obra como a de Élisabeth Badinter é ilustrativa do modo como os historiadores trataram de romper com os mitos naturalistas, essencialistas e universalistas que rodeiam a análise da sociedade. Em seu livro que, no original, tem precisamente o subtítulo *História do amor maternal*, a senhora Badinter demonstra que costumes maternais como o parto, a amamentação, as formas de criança e outras formas históricas que pensamos como naturais, quando as aderimos à ideia de *instinto maternal*, e que imaginamos como parte constitutiva de uma imaginária *natureza feminina* têm *história e histórias* que, de muitas maneiras, tratamos de negar, ao manter um substrato de traços imodificáveis, apesar das variações exteriores que reconhecemos nas chamadas *práticas de maternidade*.[44]

Notemos que Élisabeth Badinter utiliza o exame desse problema para estender, em seguida, sua consideração historicista ao campo das condutas profundas no plano dos sentimentos, da sensibilidade, e também da procriação, desbaratando a ficção do *eterno feminino* (ou o *eterno masculino*). Porém, observemos, sobretudo – e é o que me parece que é preciso reter com mais força de suas análises – o que tem que ver com a forma como a *ideologia da vida familiar* nas sociedades modernas volta a cada momento a ser reproduzida pelas próprias formas

---

[44] Cf. Élisabeth Badinter (1985). Pode-se acrescentar também pela lição de método e de crítica que contém sobre esses pontos de que tratamos, o pequeno livro de Lüc Boltanski (1974).

da organização social, o que faz com que só um trabalho de crítica permanente possa liberar o investigador social –, ele mesmo, sem dúvida, inscrito nessas formas sociais que analisa, ou seja, da tendência de reproduzir a ideologia da qual quer se liberar.

Recorro ao exemplo do livro de Madame Badinter que questiona com bases firmes a existência do *instinto maternal*, porque me parece que isso pode acontecer ao historiador ou historiadora em muitas ocasiões em que "historiza" o exterior de seu entorno, mas se detém quando se trata de levar a consideração historicista à sua própria vida familiar e individual. O leitor jovem pode encontrar muitos exemplos do que indicamos na boa antropologia e sociologia do século XX. Leiam-se, por exemplo, as páginas dedicadas por Norbert Elias ao sacrifício de meninos em certas sociedades da Antiguidade – algumas delas de alta civilização em muitíssimos terrenos – como uma forma de "equilíbrio demográfico". Ou leiam-se, por exemplo, as páginas maravilhosas de *Le pain et le cirque* de Paul Veyne, onde se explica a lógica histórica e política presente nos banquetes de cristãos que os romanos oferecem aos leões no Coliseu, sem que isso signifique que devemos considerar os romanos, criadores de coisas maravilhosas para a cultura universal, como a formalização do direito, como pessoas insensíveis ou desnaturalizadas, exemplo de recaída moral.[45]

Como sabemos, essa consideração historicista radical da vida das sociedades no plano do que designamos como *moral*, no plano da cultura e da formação histórica de tipos específicos de sensibilidade, tem *um* de seus momentos iniciais de constituição no estudo de Nietzsche sobre a genealogia de nossa moral – da moral das sociedades ocidentais – e já é hoje uma das mais renovadoras tradições no campo da análise histórica, como o mostraram, repetidamente, há mais de meio século, os trabalhos de historiadores como Georges Duby, Michel Foucault ou Paul Veyne. Trata-se também de um terreno sobre o qual Marx havia avançado linhas sugestivas em textos como os *Manuscritos econômico-filosóficos*, quando falou da história dos sentidos e

---

[45] Cf. Norbert Elias (1998, p. 407-450); e Paul Veyne (1976). *Combates pela história*, de Lucien Febvre (2009), contém precoces e sábias referências explícitas, apresentadas como programa de investigação, no caminho de uma história das *estruturas de sensibilidade* e suas modificações e criação históricas.

da sensibilidade artística, referindo-se, sobretudo, ao caráter histórico dos olhos e do ouvido.[46]

Pode-se dizer sem maiores dúvidas que o trabalho de bons historiadores ao longo do século XX não fez mais do que estender a novos objetos a consideração radical da historicidade, o que se concretiza no fato de que cada vez mais novos objetos antes pensados como naturais caem sob a perspectiva da análise histórica. De fato, esse é o sentido e o pressuposto da *definição aberta* que François Furet fazia da análise histórica quando expunha que ela podia se encarregar de qualquer objeto, sempre que o tratasse sob o ângulo do tempo e da transformação.[47]

Seria preciso pensar, tentando o balanço de uma época e de muitos esforços intelectuais, se nas décadas finais do século XX, o universalismo antropológico não voltou a ocupar seu lugar dominante, ou se sob a ideia do *humano*, da luta contra a *tirania do social*, dos vestígios de africanidade – como herança permanente e indelével – da consideração das culturas como *formações ancestrais* e das buscas de identidade, não se esconde um regresso à ideia de *natureza humana*, só que nesta ocasião, não como natureza humana universal, mas pior, como natureza imutável de grupo.

Não tenho maiores dúvidas de que, quando se faz uma análise relativamente tranquila das evoluções historiográficas de finais do século XX, fica claro que boa parte dos estudos sobre *identidades* incluem sempre uma parte grande de *essencialismo* – contra as melhores intenções de seus autores. Não me cabe duvidar de que muitas das análises atuais sobre o caráter das populações negras escravas como vítimas históricas, o que é absolutamente certo, tomaram o caminho de novas "essencializações", como suporte de um discurso que não parece necessitar disso.

Mas não é preciso se desconcertar diante dos movimentos contraditórios das ciências sociais dominantes em finais do século XX, quando elas se mostram capazes de acolher, sem constituir um problema de análise, representações que, em princípio, deveriam parecer como "deslocadas" pelo menos no plano da análise lógica. Trata-se de um fato especialmente visível nos chamados estudos culturais

---

[46] Cf. Karl Marx (2004, segundo manuscrito).
[47] Cf. François Furet, 2007.

pós-modernos, nos quais se pode sustentar, ao mesmo tempo e sem problema, o caráter que não foi modificado e é imodificável das heranças culturais "ancestrais" apenas roçadas pelo trabalho do tempo e do intercâmbio social e o caráter artificialmente construído de toda atividade humana, tal como se desprende da ideia da "construção social de...". Essa última, por sua extensão e por seu uso abusivo, finalmente terminou sendo inútil, pois, sobre a base de reiterar a cada *instante o caráter socialmente construído de... tudo!*, a própria ideia terminou desfeita nas análises de seus próprios crentes.[48]

A ideia de que *o passado é um país estranho* deveria estar presente de maneira permanente em nossas investigações e em nossa observação da sociedade atual, e deveria nos orientar na direção de definir o saber histórico como um saber das diferenças. A complexidade da tarefa tem a ver com o fato de que é preciso tratar de levar a ideia o mais longe possível e não simplesmente limitar sua validade ao campo dos objetos e das formas sociais exteriores, onde fica mais fácil identificar os elementos "sociais" do processo. É preciso levar a ideia ao próprio coração do *sujeito da ação histórica* e a suas formas de conhecimento e de produção de verdade; a suas pregas morais e a suas formas mais ocultas e insuspeitas de comportamento e às mais extremas de imaginação. Sem que nenhuma dessas possibilidades encontre sua própria conclusão e censura em nossas disposições éticas, em nossas barreiras religiosas ou em nossas adesões políticas, e, sem dúvida, sem que desse historicismo radical escape o *próprio sujeito de conhecimento*, como se pudesse estar liberado de todas aquelas determinações, possibilidades e variações que pesam sobre o comum dos mortais.[49]

Há, entretanto, um segundo ponto sobre o qual devemos chamar atenção, agora que falamos de *diferenças*, pois temos necessidade de estabelecer uma noção precisa disso que designamos como

---

[48] Cf., a respeito, a crítica radical, sábia e humorística desse tópico pós-moderno em Ian Hacking, ¿*La construcción social de qué?*

[49] É preciso, naturalmente, em outro momento, encontrar o espaço – de conhecimento – para expor o difícil problema das relações entre historicidade radical e relativismo, diferenciando, por um lado, entre o relativismo cultural e ético e, por outro lado, o relativismo conceitual e analítico, distinções que impedem abrir-lhes passagem para a aprovação de toda a conduta e ao recurso de qualquer "audácia conceitual" que desemboque na regra de que tudo é válido no conhecimento e na vida moral.

diferença. Mais acima indicamos que uma diferença não constitui uma desigualdade. Agora devemos dizer que uma *diferença* não deve se constituir em um *exotismo*, um problema que me parece que, apesar de todas as extenuantes discussões realizadas a respeito, a prática corrente da antropologia não se sai bem. De maneira particular, o pós-modernismo culturalista dos anos recentes é uma mostra clara de como se converte uma diferença ou um sistema de diferenças em um exotismo, por meio da forma como foi abordado o problema das *alteridades*, sobretudo quando quis analisar os problemas dos grupos designados como *étnicos* ou *raciais*.

É claro que, por exemplo, na análise das sociedades hispano-americanas e seus grupos étnicos (séculos XVI-XVIII) se recorreu à *linguagem da diferença* para ignorar o que essas sociedades têm como patrimônio comum compartilhado, sobre a base de formas de interação e de marcos racionais nos quais se inscreve a ação dos grupos humanos que as conformavam: a monarquia, as instituições econômicas, as formas de relação confusas para além das origens diversas, a mestiçagem constante, entre outros elementos. Ou seja, a *experiência histórica vivida no âmbito de uma existência em comum*, que atravessa muito mais de três séculos de um tempo formador e primordial, consiste em condições que não podem ser expulsas da análise em função de algumas ideias estreitas derivadas de nossa atual forma de vida na sociedade de hoje, como quando transferimos a essas sociedades nossa experiência e nossas concepções a respeito das formas e do significado de realidades como a *exclusão social* ou a *segregação espacial*, fenômenos dos quais se pode supor que devem ter tido, em suas próprias condições temporais ou espaciais, formas de constituição e significados diferentes dos que nós, historiadores, lhe atribuímos sobre a base de seu *modelo no presente*.[50]

Prosseguindo com essas formas de *pensar analógico*, ou seja, deixando de lado o que se pode designar como a *diferença específica* na

---

[50] O que ocorre de maneira constante com grande parte do trabalho dos historiadores que amparam essas categorias sem maior reflexão é que projetam sobre o passado os modelos do presente por meio de um racionar analógico formal, e então falam de *exclusões*, de *participações políticas negadas*, de *estigmatização*, em uma palavra, de realidades que percebemos em nosso próprio entorno e com as quais tratamos de interpretar processos que em outras sociedades bem podem ter outros significados.

análise de um processo, nós nos arriscamos a não dar a devida importância ao fato de que essas *alteridades* que queremos compreender se constituíram no âmbito fluido de constantes intercâmbios societários (por exemplo, entre índios, negros e mestiços) um fato que não pode ser substituído pelo recurso de uma ideia de *separação social* e uma pretendida *memória ancestral*.

No mais, quando nos extraviamos por tais caminhos, permitimos que ao mesmo tempo se transmita na análise histórica e social uma ideia que faz de uma noção como a da *memória coletiva* uma *forma imóvel* – coisificada no tempo –, em vez de uma ferramenta de recriação e apropriação do mundo social, o que gera uma incompreensão total desse recurso básico da vida social – a memória – que se constrói no *âmbito dialógico* e na dinâmica do tempo histórico, e não no terreno do *arcaico* e *ancestral*, alheio à mudança da sociedade.[51]

Como se sabe, em grande medida, as retóricas de alteridade e os cantos exaltados acerca do *outro* têm na Hispano-América uma definida origem gaulesa, ainda que na Colômbia aquela que circulou seja particularmente a versão estadunidense, um pouco mais tola e domesticada. Assim, por exemplo, grande parte dessa retórica e da ideia extrema da *não comunicabilidade* entre os grupos que compõem as novas sociedades que se formaram a partir do descobrimento da América em 1492 se deriva, com ou sem conhecimento de causa, da obra de Tzvetan Todorov *A conquista da América: a questão do outro*, uma obra que tinha o encanto do *enfoque semiótico* – e de uma elegante escrita que não deixava perceber a apenas aceitável documentação histórica

---

[51] Um exemplo pode nos permitir esclarecer de maneira concreta esse ponto no caso colombiano. Os precoces e valiosos trabalhos sobre o Pacífico colombiano dos anos 1950 e suas continuações nos anos 1960 e 1970 – que logo foram esquecidos – mostraram de maneira muito documentada essas relações fluidas, paradoxais, feitas e desfeitas, contínuas e fragmentadas, porém, em geral, constantes, entre índios, negros e "brancos" (os chamados *criollos)*; mas não menos relações com ingleses, franceses, holandeses – constantes visitantes, às vezes estabelecidos por longos períodos de tempo, da Costa Pacífica do que hoje chamamos Colômbia – e, certamente, espanhóis mestiços de toda ordem, no marco de um sistema de alianças mutáveis e em permanente reconstituição, o que torna muito difícil falar de relações territoriais e culturais fixas e "ancestrais", como se faz hoje. Cf., sobre tudo isso, o livro pioneiro de Robert West (1972); e a tese de doutorado de William Sharp (1970). Cf., também, Carl H. Langebaek (2005), transcrição do informe de um jesuíta austríaco que esteve na região até 1748 e que escreve de maneira detalhada sobre os índios cuna, oferecendo dados que comprovam a ideia de fluidez, mobilidade e intercâmbio que mencionamos.

que suportava a análise. Esse encanto fez com que o esquema de interpretação tragasse a realidade estudada e arrastasse com força seus leitores à aceitação de argumentos que poderiam ter sido discutidos um por um e sobre os quais as "contraprovas" eram conhecidas, não com o propósito de negar todas e cada uma das afirmações de Todorov, mas sim com o objetivo de dar um contexto maior do problema que permitisse entender, em um âmbito interpretativo de outra natureza, esse capítulo inicial (e descontínuo) do processo de construção de uma sociedade global que se iniciou com a aventura ibérica – portugueses e espanhóis – na América, na China e nas Filipinas.[52]

Na prática recente, na Colômbia, das ciências sociais, cuja orientação norte-americana e pós-moderna é óbvia, as diferenças sociais e culturais se converteram em um *exotismo diferenciador*, pois foram, ao mesmo tempo, extremadas e "essencializadas", e deram lugar, de maneira um pouco tardia, a uma inofensiva mas chata *retórica da alteridade*, e inclusive a uma definição restritiva da antropologia como *ciência das diferenças culturais*. Tal situação não deixou de introduzir uma especial distorção na análise da história das relações sociais entre grupos de origens étnicas diversas. Tal distorção serviu, sobretudo, para influir nas políticas públicas, para sustentar uma certa quantidade de ONGs, para alimentar a indústria editorial, para oferecer matéria para trabalhos universitários e para dar novos brios a intricadas discussões sobre a *colombianidade e a diferença*. Esta última, por sua vez, permitiu construir pequenas fortalezas teóricas e densas narrativas de duvidosa inspiração literária, que dá origem, em seu conjunto, a um fenômeno afirmativo de grupo que, certamente com justas razões, produz um assalto ao velho e pequeno estabelecimento historiográfico

---

[52] Cf. Tzvetan Todorov (2010), publicada no México em 1987, repitamos, 1987, ou seja, pouco antes de se desencadearem as equívocas lutas em torno da celebração do 5º Centenário do Descobrimento da América. Para uma crítica recente do esquema de Todorov, cf. Sanjay Subrahmanyam (2007, p. 34-53), onde se oferecem amplos exemplos de muitas partes do mundo e de situações que negam a afirmação de Todorov acerca da *incomunicabilidade radical*, em razão das diferenças culturais e das alteridades extremas, o que exige do analista a introdução de um tratamento detalhado do tempo (as cronologias), os lugares e as situações, e, sobretudo, de elementos concretos de análise do processo de criação do Estado nessas partes da monarquia e de implantação de novas formas de relações sociais de produção que implicavam o que Marx chamou de a *fome de trabalho excedente*, sobre o qual nada era abordado na obra de Todorov. A análise pode ser ampliada com a leitura de algumas das páginas escritas por Subrahmanyam (2011).

anterior, em uma época de crescimento das populações universitárias, de diversificação e modernização da oferta acadêmica e, portanto, de ampliação do exército da docência, com tudo de bom e ruim que essa novidade pode acarretar.

O que pode ser um tratamento discutível de um problema, entretanto, não tem por que nos levar a abandonar a ideia de que *o passado é um país estranho* e que é preciso nos aproximarmos com olhos vigilantes desses sistemas de diferenças que constituem uma sociedade histórica. Tanto o exotismo das atividades extremas quanto a naturalização do presente são duas formas repetidas e equívocas de apresentação que quer pôr em evidência a análise dos historiadores: a riqueza das civilizações e todas as ondulações, modulações e matizes que oferece a história humana, tanto nas dobras que nossa *consciência moral* atual rechaça como naquelas que aplaude.

O presente oculta o passado

Embora essa afirmação não tenha por que fechar uma discussão, mas totalmente ao contrário, podemos começar dizendo que a disciplina histórica trata do passado, como recordou tantas vezes Marc Bloch, e não deve haver temor de se afirmar isso. Quando se tem claro o problema das formas diversas do vínculo entre passado e presente; quando se entende que o que chamamos *atualidade* se forma precisamente no tempo; quando se compreende que os processos sociais se constituem sobre a base de uma combinação de continuidades e descontinuidades que asseguram tanto a existência de processos de longa duração como a emergência de acontecimentos originais que introduzem novidades radicais e inflexões que modificam a direção de um fenômeno, não há por que pensar que da definição de história como estudo do passado (e essa é *uma* de suas definições possíveis) pode resultar um afastamento da análise histórica de sua intenção de compreensão da atualidade. E, muito menos, que possa resultar numa renúncia por parte dos historiadores de enfrentar os grandes problemas da sociedade, suas urgências maiores, com tudo o que isso significa como *demanda de análise social*.

Apresentadas as coisas dessa maneira, é possível, por exemplo, que algumas das análises históricas de Michel Foucault sirvam para compreender a situação do mundo de hoje mais do que muitas considerações feitas em termos do *acontecimento imediato*. Sua própria definição da *atualidade*, como *historicamente constituída* e como *não corresponde ao presente imediato da consciência ingênua*, pode servir para compreender uma nova forma de definir os laços entre o passado e o presente, e a função e o sentido que tem a análise histórica.[53]

Parece-me, pois, que não há uma necessidade absoluta de criar uma *história do tempo presente* como uma especialidade separada da análise histórica convencional, organizada em torno a problemas e períodos, e que tomando essa via se corre mais propriamente o risco de "inventar" um gênero ambíguo que acredito, até onde pude observar, ter tido como principal consequência aproximar perigosamente a análise histórica do periodismo informado, além de arrastar seus cultores ao abandono de duas das principais vantagens que a disciplina histórica teve sempre frente às *ciências do presente* – os saberes instalados na sincronia, pouco propensos a inscrever seus problemas na ordem do tempo. Nós nos referimos à introdução do *tempo* como ponto em que se reflete e se pode reconhecer a mudança histórica, e ao recurso à distância temporal – ao olhar retrospectivo – como uma forma de *distanciamento* diante dos fenômenos analisado. Dois instrumentos para tratar de fazer com que os estudos históricos sejam algo mais que uma simples soma de opiniões e percepções atropeladas que vão deixando o acontecimento de hoje, narrado pelos meios de comunicação ou vivido como preocupação cotidiana pela manhã incerta, como em grande medida ocorre com o que se designa com toda a soberba e narcisismo do caso como *ciência política*.

Deve-se lembrar que a perspectiva do tempo não é somente o reconhecimento das formas de evolução que caracterizam um fenômeno determinado, mas que, ao mesmo tempo, é uma *técnica de objetivação* que nos ajuda a não cometermos o erro de apreciar como *acontecimento formador* o que às vezes pode ser tão somente uma corrente rápida e superficial, uma moda suposta a logo desaparecer.[54]

---

[53] Pode-se pensar em particular em seus três principais textos sobre as relações entre crítica e Ilustração e o papel da Ilustração na definição de um horizonte que ainda não se esgota. Cf. Michel Foucault (2003). Em particular, pode-se ler, nessa direção, o "Seminario sobre el texto de Kant 'Was ist Aufklärung?'"(p. 53 e ss).

[54] Na França, que em grande medida é o berço de uma das vertentes mais conhecidas da *história do tempo presente*, seus próprios cultores apresentaram a discussão, em parte, porque estão conscientes da armadilha em que se encontram, cercados como estão entre o periodismo crítico de ampla circulação; as formas de difusão cada vez mais estendidas através da "rede" de análises políticas cujos resultados não dependem de nenhum sistema de avaliação de pares – nem sequer de pares injustos! –; e a ascensão das ONGs, que fizeram suas as reivindicações políticas dos

Porém, mais além desse pequeno comentário contra o *presentismo* fácil da chamada *história do tempo presente* – por acaso não dizia Norbert Elias que os sociólogos se refugiavam no presente?[55] –, o que quis colocar em evidência antes de tudo é o peso que o presente – *seu presente* – tem para toda geração histórica e a forma como o próprio presente se constrói, para aqueles que o vivem, em uma condição universal, pelo que se esquece rapidamente ser o certo como experiência histórica para uma geração pode sê-lo em absoluto para a anterior ou para a seguinte.

O ponto é de interesse, sobretudo, agora quando parece que conhecemos uma ampla aceleração da mudança social, antes de tudo no campo das tecnologias da informação, com a subsequente sofisticação de todas as revoluções que se podem supor quanto à virtualidade e a velocidade das comunicações. O efeito desses processos de mudança histórica, ressaltado aqui não só quanto a uma de suas dimensões – embora uma dimensão significativa ao extremo – tem consequências profundas para o estudo da relação entre as gerações. Por exemplo, para a análise das relações entre pais e filhos que estabelecem cada um, por sua conta, como único mundo possível aquele que habitaram, principalmente em seus anos de juventude, fechando dessa maneira as portas e as pontes que poderiam permitir a compreensão e o

povos coloniais, a denúncia dos muitos regimes políticos que violam os direitos humanos e a defesa permanente de cada uma das ameaças contra a cidadania que o mundo enfrenta, o que faz com que todos os dias a atualidade política se preste ao comentário e exija a divulgação de alguma catástrofe nova. A discussão permanece aberta e algumas vozes sensatas recordaram que o melhor caminho para subsistir pode ser o de não se declarar como um orgulhoso ramo independente – uma especialização da análise histórica –, mas sim encontrar nesse próprio campo seu lugar e sua função. Cf., a respeito, Pieter Lagrou (2013, p. 101-119); e, muito mais propositivos, Emmanuel Droit; Franz Reichherzer (2013, p. 121-145). Jean-François Sirinelli (2013, p. 26-29) também aborda o assunto. Analisando uns poucos dias do mês de dezembro de 1981 na França, recorda a complexidade do problema do tempo curto na análise histórica e volta à pergunta pela definição do *acontecimento*, mas em uma via que lembra mais as análises de Georges Duby (1973) do que as dificuldades conceituais da *história do tempo presente*.

[55] Comentário que sem dúvida, como pôde supor o leitor, não quer esgotar as discussões de um problema que, além do mais, nos recorda a própria *origem* da disciplina na Grécia no campo da pesquisa sobre o *tempo presente*, pois, como se sabe, Heródoto descreve e reflete um acontecimento sobre o qual conhece de maneira direta e sobre o qual compila testemunhos de pessoas vivas ou que pouco tempo antes haviam escutado testemunhos sobre o evento da parte de outros que o presenciaram. Isso faz com que na *pesquisa histórica* grega se confundam por muito tempo história e etnografia, especialmente quando a dimensão cultural está presente em Heródoto como dimensão compreensiva. Cf., a respeito, François Hartog (2011).

diálogo entre duas experiências distintas, mas não necessariamente irreconciliáveis.[56]

Esse assunto é de extrema importância em uma sociedade como a nossa – a Colômbia de hoje –, que esteve mudando há mais de meio século com uma velocidade que assombra, como o reconhece a maior parte dos analistas, tendendo não só a reproduzir essa distância geracional que mencionei, com as injustiças e desavenças que são de se esperar, como também, além disso, sobretudo para a mais recente geração de jovens colombianos, produz uma sensibilidade e uma visão de sua sociedade que tende a torná-los injustos com o passado, imediato e mediato, e a produzir dele versões muito parciais. Dessa maneira, os jovens, quando são analistas da sociedade ou historiadores de seu passado recente, se convertem em críticos furiosos, mas muito unilaterais, muito dados à injustiça, na medida em que se constituíram *como medida de análise seu próprio presente*, algo que, certamente, ninguém pode evitar, mas que deveríamos tratar de controlar.[57]

O fenômeno mencionado não deixa de estar repleto de consequências, não só sobre a análise dos historiadores, mas sobre toda uma maneira de viver e refletir sobre a sociedade e seu passado. Parece-me, por exemplo, que na origem da noção unilateral da sociedade colombiana como *cultura da violência* e na redução de sua história e de sua memória à violência, como se faz repetidamente, há essa interpretação do passado sobre a base do presente recente de que falo, assim como a prática do perigoso princípio de interpretação que faz com que a *forma atual* que assumem os grandes problemas da sociedade (no caso colombiano a corrupção, a violência, o narcotráfico e a atividade

---

[56] Cf. as agudas observações de Eric Hobsbawm (2008, cap. IX, X, XI), a respeito das relações entre a aceleração do tempo histórico, a mudança tecnológica e a incomunicação entre velhas e novas gerações.

[57] A aceleração do tempo histórico é uma condição amplamente universal e "quase geral" da sociedade moderna, como o observaram analistas das mais diversas tendências, tanto na filosofia como na análise histórica. A esse respeito continuam sendo exemplares as análises de Walter Benjamín sobre Baudelaire e a Paris do século XIX – não esqueçamos que Baudelaire tentava caminhar pelos bulevares de Paris arrastando uma tartaruga com uma corda, com o que se supõe que enfrentava a *ultramodernidade* daquele momento, caracterizada por Baudelaire-Benjamin como aceleração do tempo. Cf. Walter Benjamin (1980). Nos inícios do século XX colombiano, parece-me que há poucas dúvidas de que o grande observador da aceleração do tempo histórico seja Luis Tejada (1997), com suas "Gotas de tinta".

criminal de guerrilheiros e bandos criminosos) se constitui no *modelo de todo passado*. E que, quando se examina o passado dessa sociedade, por exemplo, o século XIX republicano, não se encontre nele senão guerras civis, destruição e violências, quando se sabe ou se deveria saber que muitos outros elementos definem também o conteúdo desse século. Entre eles, um elaborado sistema de pensamento que em um tempo curto foi capaz de se apoderar e estabelecer uma relação muito criativa com a grande tradição política do liberalismo ocidental.[58]

Trata-se de representações, sobretudo de imagens, de grande força em cada um de nós, a ponto de que, para o caso colombiano, se possa falar sem maiores dúvidas de um *apego completo e sem controle* a um relato coletivo do passado nacional que encontraria, em cada momento de nossa existência, uma corroboração no presente vivido hoje, como violência, insegurança, falta de confiança no futuro. Trata-se, em minha opinião, da existência de uma tendência – *de grandes bases afetivas* – que nos faz fechar os olhos diante de toda experiência que negue o caráter *universal* e *único* de uma experiência histórica que foi narrada de forma unilateral, mas que, com a passagem do tempo e a ação da propaganda, dos sistemas de ensino e da *própria atividade de duas ou três das recentes gerações de historiadores colombianos*, adquiriu a força de uma evidência que nos torna resistentes a qualquer tipo de dados, por mais bem fundados que estejam, quando estes não desembocam em uma narrativa que reafirme essa condição que nossa própria existência vivida e narrada se esforça por afirmar, como única tradição possível.

Se tivesse que fazer um exercício inútil de inventar razões para mostrar a importância de um conhecimento histórico ao mesmo tempo crítico e fundamentado, organizado por meio dos sistemas educativos e dos próprios meios de comunicação, tão somente haveria de assinalar que, no caso colombiano, tratar-se-ia de uma tentativa de colocar um corretivo em uma visão unilateral que domina nossa visão do presente e do passado. Tratar-se-ia de uma espécie de exercício de desintoxicação, não para afirmar em seguida o impossível

---

[58] Reparou-se muito pouco que a riqueza do inventário apresentado por Jaime Jaramillo quanto a obras e autores de filosofia e política do século XIX na Colômbia é uma prova que pelo menos se deveria levar em conta, quando se quer reduzir o primeiro século republicano a simples guerras civis e a uma situação próxima da *anomia social*. Cf., a respeito, Jaime Jaramillo Uribe (1964).

"relato verdadeiro" de nossas evoluções sociais, mas para encontrar, de maneira paciente, as condições de serenidade em que essa história pode ser investigada e contada, mais além do ódio, do estereótipo, do preconceito e do lugar comum.

No caso particular da história da sociedade colombiana, esses fatos que indico acerca do privilégio da história recente de violência sobre qualquer outra consideração do passado nacional terminaram fazendo escola. E qualquer outra visão do passado de nossa sociedade, por exemplo, de seu século XX, que se afaste desse centro imaginário de reconhecimento, se considera como uma mentira interessada, o que convida a pensar o passado de um país simplesmente como uma acumulação permanente de catástrofes crescentes e sem solução. Delicado exercício de cegueira devem fazer os historiadores que se reafirmam nesse ponto de vista quando enfrentam o estudo do século XX, que em sua maior parte contradiz essa perspectiva, por exemplo, quando devem considerar esse longo lapso de acumulação de forças democráticas que vai de 1905 a pelo menos 1946, anos de avanços significativos no campo da construção de instituições democráticas, embora, sem dúvida, com todas as tensões, as dificuldades, os retrocessos que foram comuns em qualquer das sociedades do mundo que quiseram avançar por esses caminhos.

Como ocorreu com a geração a que pertenço, os analistas de hoje encontram grande dificuldade para pensar esse experimento original que foi a Frente Nacional, que marcou a sociedade dos anos 1960 a 1980 com avanços inéditos, tanto no campo da democracia política formal quanto no do consumo moderno de massas. Ela foi também determinante na extensão da própria experiência da modernidade para esses novos habitantes que chegavam à cidade, que conseguiram que seus filhos ou eles mesmos tivessem acesso à educação, e produziu, no campo dos estudos universitários, a primeira renovação radical do conjunto de estudantes da universidade pública, instituição em crescimento nesse momento e aberta a novas profissões do mundo moderno.

Nenhuma dessas afirmações nega que isso tenha sucedido ao mesmo tempo em que se excluía de uma parte importante da sociedade adulta a possibilidade de acesso ao governo por via eleitoral, e que o mecanismo do estado de sítio havia feito das liberdades públicas dos colombianos uma realidade pela metade ou mais exatamente um princípio de exclusão das formas dissidentes ou alternativas de imaginar a sociedade, e isso com consequências trágicas inegáveis. São fatos que precisam ser explicados, mas que não devem fazer esquecer os dados de sinal contrário que acompanharam o processo.[59]

Trata-se, pois, de um século XX ao qual dificilmente se pode acusar de *cultura da violência*, embora a violência política e social tenha estado presente e, em alguns momentos, de maneira determinante. Trata-se de um século ao qual somente com grande injustiça se pode designar simplesmente como exclusivo e fracassado, quando viu melhoras sistemáticas na esperança de vida, no acesso à educação, na saúde pública e, em geral, nas expectativas de vida futura. Não obstante, ninguém pode negar que o processo tenha ocorrido em meio a grandes desigualdades sociais e regionais que parecem não ceder, e no marco de um capitalismo em cuja formação e reprodução a expropriação, a armadilha e o aproveitamento privado dos recursos públicos não conseguiram encontrar no Estado o contrapeso que pudesse ter feito do trabalho honrado, dos méritos e dos esforços pessoais uma realidade ampla e reconhecida, que desse um solo forte às condutas de respeito à lei e à luta por uma sociedade melhor nos próprios quadros constitucionais que a sociedade desenhou e mediante as formas de representação política – certamente imperfeitas, mas suscetíveis de melhora – que são uma tradição da sociedade.

O processo ao qual me referi nas linhas anteriores foi bem descrito por muitos observadores da "vida nacional" – esta última expressão já é, certamente, um verdadeiro anacronismo – e não é seu conteúdo, suas formas dominantes e suas causas explicativas o que me interessa agora. O que quero ressaltar de maneira particular é o fato de que isso que aparece nos últimos vinte anos do século XX, e em grande medida na primeira década do século XXI, como o *resultado final*, a violência e o narcotráfico, juntamente com uma nova ascensão da corrupção, é o que ficou na *retina* de muitos colombianos como o

---

[59] As referências bibliográficas sobre esse tipo de análise já são bem conhecidas, e vão desde as observações complexas e cheias de matizes de Malcolm Deas ou de Daniel Pécaut até as posições um pouco mais simples e conformistas de Eduardo Posada Carbó, que não modifica os termos do problema mas que tão somente redistribui as cargas, pelo que condena a seus leitores a continuarem pensando em termos de *lenda negra* e *lenda rosa*, não por seu próprio gosto, mas pela própria forma de construir sua argumentação.

conteúdo básico de sua época, particularmente para as pessoas jovens de hoje, que viveram a violência como se fosse sua única realidade. E não podemos esquecer que essa juventude é o grupo majoritário da sociedade, sua *classe mais ruidosa*, a parte mais significativa do novo público universitário e dos institutos de educação intermediária e técnica, o maior setor dos empregados ou dos que buscam um emprego, ou seja, o coração da sociedade moderna colombiana de hoje.[60]

Há necessidade de sublinhar o fato, em parte já confirmado, de que, apesar do que se podia imaginar, as pessoas jovens que se dedicam às ciências sociais e à história, e recebem para isso uma educação universitária de alguma qualidade, tornam a reproduzir e a projetar, no que dizem e escrevem, como conteúdo único de *todo o século XX* colombiano e como *forma básica de evolução* dessa sociedade, desde que dela temos notícias, essa forma unilateral de seu passado distante e de seu passado imediato. Assim, esse fato nos torna a recordar que ainda no campo do pensamento crítico educado, supostamente melhor preparado para as tarefas de análise, o presente torna a se impor como visão sobre o passado, e que nós, especialistas e aficionados, terminamos por produzir visões de períodos de tempo longos a partir de experiências históricas muito singulares, quando se trata de períodos cuja consideração em termos menos afetivos e passionais reclamaria de nós algum tipo de desprendimento sobre o mundo que mais diretamente temos conhecido e habitado. De tal maneira, boa parte da análise histórica que "em média" se publica e se difunde entre nós corresponde à reprodução sábia e às vezes documentada de um sentido comum estendido, razão pela qual entre leitores e escritores de história se organiza um jogo de espelhos e de reconhecimento afetivo que produz como efeito deixar de lado qualquer exame argumentativo, em termos da própria disciplina na qual se supõe que se inscrevam tais análises, e abraçar imediatamente a visão de uma *experiência coletiva desgraçada* como única transição possível.

---

[60] Não creio que haja nenhuma dúvida de que a novos assassinatos e as telenovelas respectivas, com suas amplificações internacionais, são um elemento da reprodução dessa visão de catástrofe que acompanha a imaginação constitutiva da sociedade. Não se trata de que se devam impedir as representações de fatos que atravessam a história de uma sociedade. Trata-se, antes, da pobreza da representação levada à escrita e à tela, da maneira como confirma aos espectadores numa visão preexistente e da forma como suas ênfases negam qualquer outro elemento da evolução social, no mais, sem competência nenhuma, já que se trata dos gêneros por excelência em nosso meio.

Chegados a esse ponto, duas perguntas inquietantes se impõem à nossa reflexão. A primeira se refere às condições que asseguram a permanência indiscutível e sem competência possível desse tipo de representação que institui a violência no único horizonte possível da sociedade. Vale a pena se perguntar pelos *mecanismos de reprodução* dessa certa visão do mundo, a qual Albert Hirschman designou num âmbito mais geral como *fracassomania* e que faz da vida de uma comunidade humana, de maneira única e permanente, um desastre e uma tragédia. Que papel podem ter desempenhado nisso o liberalismo de esquerda e o marxismo? Qual foi nesse processo de reprodução o papel das universidades e dos professores de humanidades, história e ciências sociais? E, sobretudo, para evitar o terreno do martírio e nos situarmos em um campo mais positivo, como escapar dessa visão por uma via que não seja a de negar a violência e reproduzir agora a lenda rosa de um passado pastoril, bobalhão e submetido sempre às condições da vida democrática?

Não é fácil – e isso é compreensível – estabelecer uma explicação e uma genealogia precisa do *catastrofismo* como representação da história latino-americana moderna. Albert Hirschman fez várias sugestões a respeito, em diversas partes de sua vasta obra, porém, muito pouco sistemáticas, descrevendo o fato, mais do que tentando construir dele uma explicação. Às vezes arriscou, inclusive, explicações especialmente culturalistas, e falou da extensão do fenômeno na América Latina a partir de uma base mediterrânea [sic], pois lhe parecia havê-lo observado igualmente na Itália.[61]

Em qualquer caso, não há dúvida de que *uma* das vertentes que colaborou com a difusão do catastrofismo na Colômbia foi o marxismo, e mais exatamente a fúria juvenil desencadeada por Marx contra a Alemanha, em sua divulgada crítica da filosofia do direito de Hegel, na qual, em uma prosa brilhantíssima, escreve contra seus conterrâneos um dos mais violentos panfletos que se possa imaginar. A fórmula de Marx está relacionada com a constituição da filosofia e da crítica como uma forma de *denúncia dos males do mundo*: "Seu sentimento essencial [o da crítica] é a indignação, sua tarefa essencial,

---

[61] Cf., a respeito, o livro de entrevistas, originalmente em italiano, de Albert Hirschman (2000).

a denúncia", escreve Marx. Citemos, pois, ainda que de maneira breve, o pai Marx, que resultou ser nos anos recentes o avô de um grande batalhão de jovens acadêmicos que nunca o leram: "Trata-se de não conceder aos alemães nem um só instante de ilusão e de resignação. É preciso tornar a opressão real ainda mais opressiva, acrescentando-lhe a consciência da opressão, tornando a infâmia ainda mais infamante ao apregoá-la". Ao que acrescenta mais adiante a curiosa ideia de que "[...] é preciso ensinar o povo a se assustar consigo mesmo para lhe infundir ânimo"; uma concepção e uma verdadeira pedagogia colocadas em cena.[62]

Seria preciso, contudo, incorporar a essa genealogia recente mais outros fragmentos para incluir na análise a extensão desse ácido humor crítico, que não diferencia entre análise crítica e denúncia, para gerações de intérpretes que pouco tiveram a ver com a leitura de Marx, sem descontar, é claro, o papel que aqui cumpre o peso da inércia e a repetição docente. Seria preciso se interrogar, pois, pelo peso da *filosofia francesa contemporânea* – Michel Foucault, antes de tudo –, ainda sob sua forma estadunidense, uma tradução que tem suas peculiaridades, levando bem longe seu humor anti-institucional e estendendo a todo lugar do planeta e sempre por categorias como as do *grande encerramento*, o *poder sobre os corpos*, o *controle social* e a *dominação geral*, repartidos sem sombras nem matizes a quantas esferas se possa imaginar, desde as próprias relações de trabalho até a gramática, passando pela campanha de classe e o cumprimento de qualquer regulamento.[63]

---

[62] Cf. Karl Marx (1958, p. 5-6).

[63] A referência genealógica é puramente circunstancial, mas muitas pistas parecem confirmá-la. Nada mais radical que a crítica, formal e retórica, que aparece nos estudos culturais nos Estados Unidos, dos quais dois polos de crítica permanente foram o *controle social* e o *poder* que por todas as partes nos espreita – ainda que não seja descoberto no próprio *discurso* pós-moderno. Na América Latina um sociólogo cuidadoso não encontraria dificuldades para detectar a soma de humores críticos universitários que expressam uma aliança simpática de marxistas e pós-modernos em torno dos temas da globalização, das minorias, do controle social, do império, do espaço como simples dominação e do exercício de qualquer tipo de autoridade como a síntese do "poder das elites". Um sociólogo perspicaz não teria dificuldade para organizar um bom estudo de caso para entender as alianças da velha geração de burocratas marxistas de instituições como Flacso/Clacso com a nova geração de "doutores pós-modernos", por meio de uma milimétrica divisão do poder e uma negociação em torno dos discursos aceitos e dos vocabulários legítimos.

A segunda pergunta, retomando, se refere ao próprio trabalho dos historiadores e à forma como se expõe o problema do acontecimento e suas possibilidades, bem como com sua permanente renúncia a pelo menos intuir que um conjunto determinado de eventos guarda em si potencialidades diversas que indicam vias possíveis de evolução, cursos diferentes de realização do presente e do futuro.

Não há nenhuma regra da análise histórica que condene os historiadores a se conformarem, na análise de um fenômeno determinado, com o estudo da forma terminal de um processo, com a descrição de seu resultado. Nada o obriga a se conformar com um positivismo insosso que o condena a dar como única visão do real o "realmente existente", à luz do resultado de um processo. O historiador não pode menos do que trabalhar no registro do possível e, diante das formas de fechamento de um processo determinado, não pode deixar de advertir o que para os contemporâneos dos fatos deveriam ser os caminhos possíveis, embora o curso dos acontecimentos tenha terminado, sob sua forma final – dominante – distinta dessas possibilidades que nunca chagaram a ser. Assim como o ser, em palavras de Heidegger, é uma estrutura de possíveis, uma *etapa histórica* determinada, é também um conjunto de possíveis, de caminhos de evolução, que não podem deixar de ser consideradas quando se quer caracterizar um grupo qualquer de acontecimentos. O resto é se submeter a uma espécie de "realismo empírico", simplório, exageradamente positivista (em uma academia que perde a metade de seu tempo maldizendo o positivismo), que não consegue nem sequer inventariar o *conjunto de possíveis* que no presente contemporâneo dos acontecimentos que estuda constituíam também possibilidades que não encontraram seu curso de realização. Um tipo de análise que pessoas como o Marx dos escritos políticos de 1848 a 1852, ou o Benjamin das *Tesis sobre a história*, nunca deixaram de levar em conta e entender como parte constitutiva da análise histórica.[64]

---

[64] Cf. Walter Benjamin (2008). Benjamin insistiu repetidamente nesse ponto e relacionava a escrita da história dos derrotados e dos que sofrem com o exame de todas as virtualidades que não puderam se tornar corrente dominante no curso dos acontecimentos históricos. Certamente que nada disso-quer dizer *mitologizar*. Trata-se de documentar fatos reais, esquecidos, pequenos, demasiados, quando existem, e não de dotar, por exemplo, as classes subalternas de uma consciência, uns interesses e uma forma de ação, que correspondem antes de tudo aos sentimentos piedosos e bem intencionados do historiador.

Embora a lição que seja preciso tirar do que viemos assinalando seja terrível, pelo que indica sobre nossa ignorância a respeito do que mais cremos conhecer de cor — a história de uma sociedade —, é preciso saber que as ciências sociais e a história deram provas de que a superação desses horizontes limitados à experiência pessoal de uma geração é algo possível. Existem instrumentos de crítica e de autorreflexão sobre nosso próprio trabalho que nos podem ajudar nesse caminho: a crítica desapaixonada de nossas visões, a consideração de versões opostas às nossas, assim como uma cuidadosa atenção a todos os dados que habitualmente deixamos de lado por descuido ou, antes, por temor ou por querermos ser fiéis aos nossos ideais ou pelo pânico real de que nossas construções sejam derrubadas e os mitos em que afirmamos as interpretações que nos oferecem consolo e segurança caiam por terra. Todos eles deveriam ser instrumentos efetivos para nos ajudar a começar a sair, sem nunca sair de todo, da encruzilhada em que nos encontramos presos.

As *técnicas de objetivação* das ciências sociais e da análise histórica, ou seja, aquelas formas de controle de nossas afeições e de nossas fobias, como gostava de dizer Gaston Bachelard, devem nos servir como arautos nessa forma de combate com nós mesmos que é a perseguição do erro e do preconceito. Uma luta que é um dos sinais distintivos do trabalho de nossas disciplinas, tal como se encontram refletidas em algumas de suas melhores obras e na diversidade de autores de opções políticas e filosóficas muito diversas.

É preciso saber, além disso, pelo menos como forma de controlar esse desassossego que sempre produz o trabalho de pensamento — o que não faz com que desapareçam os momentos de felicidade que costuma produzir — que, quando falamos desse tipo de erros e de dificuldades, não deixamos de recordar que eles se encontram presentes também nos melhores expoentes de nossas disciplinas. Isso, porque os problemas de análise que enfrenta um jovem investigador, ou qualquer um que queira refletir sobre sua sociedade de maneira crítica, são comuns àqueles que enfrentam os mais veteranos do ofício, apesar de que possa mudar o grau e a forma das dificuldades em função da experiência de trabalho.

Sobre esse ponto que menciono, há uma situação que me comove. Se consideramos com detalhe algumas das páginas do grande livro de Eric Hobsbawm que citei acima, a respeito do que ele chamou com acerto de o "curto século XX", encontraremos que, ao falar do mundo ocidental dos finais dos anos 1930 e princípios dos anos 1940, declara que em todas as partes, em escala global, as instituições liberais não haviam dado certo, haviam ruído. Teríamos, pois, necessidade – mas já não podemos fazer – de recordar ao insigne historiador que é preciso moderar juízos tão absolutos, pois, pelo menos em uma esquina da América Latina, uma sociedade vivia uma pequena paisagem democrática em sua história: não conhecia guerras desde o fim do século XIX, tratava de organizar formas de convivência entre seus partidos políticos que antes se indispunham, e tentava, com resultados desiguais, pôr em marcha um sistema político democrático, que em outros lugares efetivamente naufragava.[65]

---

[65] Cf. um comentário sobre o problema da relação entre gerações e mudança histórica no século XX colombiano em Renán Silva (2010, p. 277-350).

Etnocentrismo e anacronismo

Uma vez que se torna usual saber quando se tem uma mínima formação em ciências sociais, o anacronismo e o etnocentrismo são dois dos grandes obstáculos na análise da sociedade. O primeiro se apresenta como específico do trabalho dos historiadores. O segundo se associa mais com o trabalho dos antropólogos. Na realidade, cada um desses dois obstáculos remete a um núcleo comum, a que nos referíamos no capítulo anterior: *a generalização da experiência própria como universal*.[66]

Quando estendemos a outras sociedades contemporâneas nossa experiência singular, convertida em medida de toda forma de vida, fazendo reinar nossos valores em sociedades que deveriam ser interrogadas a partir de suas formas próprias de entender o mundo (não necessariamente para aprovar seus comportamentos, mas para tratar de compreendê-los e poder estabelecer sua lógica e racionalidade a partir de seu funcionamento próprio), falamos de *etnocentrismo*. Quando aplicamos a sociedades do passado as formas de análise e as categorias que pertencem ao nosso mundo e à nossa experiência do mundo, falamos de maneira corrente de *anacronismo*. Trata-se de dois pares

---

[66] "[...] essa espécie de anacronismo praticado pelos historiadores assume, entre os sociólogos, a forma de um etnocentrismo de classe, ou seja, eles tendem a universalizar o caso particular: sirvo-me de minhas próprias categorias de pensamento, meus sistemas de classificação, minhas taxonomias, minhas divisões em masculino/feminino, quente/frio, seco/úmido, alto/baixo, classes dominantes/classes dominadas, etc., para universalizá-los. Em um caso, produz-se o anacronismo; no outro, o etnocentrismo; e, em todos os casos, verifica-se que não houve questionamento a respeito de seus próprios sistemas de interrogação", como indica Pierre Bourdieu em Bourdieu; Chartier (2011, p. 24).

solidários de "erros" com os quais nos damos todas as condições para não compreender absolutamente nada desses mundos que desejamos conhecer. Para dizer isso com a expressão mais precisa e elaborada que conheço a esse respeito, lutar contra esses dois erros é tratar de "Desfazer-se das sombras que se levam consigo mesmo, impedir que o vapor de uma respiração embace a superfície do espelho".[67]

Sobre esses problemas do anacronismo e do etnocentrismo, e sobre suas formas de controle – parte do que chamamos *técnicas de objetivação* –, os clássicos das ciências sociais realizaram análises que continuam sendo modelos e que deveriam ser introduzidas em toda formação universitária crítica, e não só na daquelas que querem fazer carreiras específicas nesse campo. A ninguém cai mal umas tantas páginas de Malinowski, de Levi Strauss ou de Lucien Febvre sobre o tema, inclusive para saber de que maneira essa ameaça de reduzir o *estranho* ao *próprio* esteve presente em suas obras e como a superaram ou como sucumbiram a tal tentação.[68]

Quando se trata de análise epistemológica de conceitos, não se deve esquecer que em boa medida algumas noções das ciências sociais, bem fundamentadas e construídas como forma estilizada da experiência histórica na sociedade moderna, podem ser também – e de fato o são em mais oportunidades do que se admite – uma fonte de anacronismo e etnocentrismo. Um caso exemplar que não se menciona tanto como se deveria mencionar é o de Max Weber, apesar de seu pessimismo, muito mais de acordo do que se pensa com as formas sociais de sua sociedade, formas as quais, por muitos e nem sempre bons motivos, considerava como "superiores". Weber afirmava a primazia do Ocidente

---

[67] Marguerite Yourcenar (2005), "Caderno de notas das *Memórias de Adriano*". Porém, todo o Caderno, e em particular este capítulo, pode ser lido como uma das poucas formulações sensatas do "método histórico" que se possa ler como introdução ao "espírito" da disciplina.

[68] Não me parece que haja nenhuma dúvida de que uma perspectiva como a que brinda a *história social das ciências sociais* – e não simplesmente a *história das ciências sociais* – constitua outra forma a mais de preparação para se defender de inimigos poderosos como os que consideramos neste capítulo. Cf., a respeito, Pierre Bourdieu (1999, p. 111-127). Lucien Febvre (2011), que falou do anacronismo como um "problema de método por excelência" e dedicou ao tema uma de suas maiores obras, por desgraça hoje relegada ao esquecimento, oferecia uma definição simples e ilustrativa desse obstáculo ao conhecimento histórico em nosso contexto. Criticando uma interpretação recente de Rabelais e de seu *Gargântua e Pantagruel*, escrevia: "Não haveremos substituído seu pensamento pelo nosso e por trás das palavras que empregam [as pessoas de uma época] não poríamos significados que eles não pensaram de modo algum que tivessem".

sobre o resto do mundo na arte, na filosofia, na arquitetura e tudo o que pode ser considerado, a partir do ponto de vista da hierarquia social dos objetos, como prova de superioridade cultural. Não importa quão grande fosse sua erudição e seu conhecimento das civilizações chinesa, judia e islâmica, a conclusão sempre foi a mesma: a partir da Grécia, a superioridade da civilização ocidental.[69]

O assunto parece depender em parte do grau de elaboração do conceito de que se trate e de sua generalização. Ou, em termos mais precisos, de seu limiar de formalização, pois, embora pouco se admita, a maior parte do que as ciências sociais e a análise histórica apresentam como *conceitos* corresponde muito mais a *noções*, isto é, a estruturas conceituais com um baixo limiar de epistemologização,[70] razão pela qual muitas de tais noções correspondem com toda exatidão ao que se chama *o reino das noções confusas.*[71]

Tomemos como exemplo ilustrativo desse tipo de problema o conceito, altamente elaborado, *de modo de produção*, que em sua generalidade – a que se indica em sua própria formulação linguística simples – não pareceria apresentar problemas para seu uso no âmbito de um conjunto amplo e diverso de sociedades. Isso porque em todas elas se pode observar algo que, em princípio, pelo menos de maneira *analógica e formal*, é possível designar como *atividade produtiva*.

---

[69] Max Weber (2015, p. 3) escreve: "Quando um filho da moderna civilização europeia se dispõe a investigar um problema qualquer da história universal, é inevitável e lógico que o apresente a partir do seguinte ponto de vista: que série de circunstâncias determinaram que precisamente só no Ocidente houvessem nascido certos fenômenos culturais, que (ao menos tal como costumamos representá-los) parecem marcar uma direção evolutiva de alcance e validez universal?".

[70] Para entender o alcance do trabalho *sobre o conceito* e o exame de sua arquitetura formal e de seus limiares de formalização – em grande medida o centro do trabalho arqueológico, segundo uma definição que Foucault muitas vezes modificaria, anos depois (cf. FOUCAULT, 2008, em particular a "Introdução", p. 3-20); cf., além disso, Gaston Bachelard (1978), para a noção de *perfil epistemológico*, ideia-chave para a caracterização da estrutura de um conceito ou noção determinados.

[71] Um caminho importante para a melhora e o avanço das ciências sociais me parece que pode ser a adoção da ideia da importância das *noções confusas*, que não é um chamado a sua santificação, mas sim uma simples confissão de sinceridade acerca do caráter pouco elaborado dos instrumentos com que trabalhamos e a introdução da ideia de que todo trabalho de investigação social deve ser ao mesmo tempo um exame detalhado das formas de uso possíveis e das limitações do instrumental colocado em marcha. É um caminho não só para abrir espaço permanente à reflexão epistemológica, mas para iniciar o caminho sempre necessário de *historização* dos conceitos e noções que utilizamos na análise.

Porém, a análise que se quer apoiar de maneira criativa nesse conceito, mais além de sua generalidade enunciativa, deve sempre se redefinir em função dos dados históricos e das características sociais que especificam a situação que se quer estudar. É o que Marx chamava de o *método de concreção progressiva* – que distingue sua forma de trabalho –, uma forma de descrição e análise mediante a qual, a partir de determinações conceituais muito gerais, se avança, pela *acumulação estruturada* dos traços singulares que especificam o caráter historicamente determinado do fenômeno, em direção a suas formas de existência concretas, que são as que singularizam um processo histórico e a noção que o pode definir conceitualmente.

De fato, é assim que Marx procede em sua elaboração conceitual em *O capital*, e é por essa via que anos antes havia oferecido uma definição do *concreto* como *síntese de múltiplas determinações*, opondo essa noção à de abstrato, que seria mais propriamente o mundo da aparência imediata, do sentido comum, da descrição sem princípio estrutural de organização, da simples fenomenologia inscrita no campo da crônica e da anedota, uma inversão de termos que, todavia, segue surpreendendo a seus leitores e sobre a qual os epistemólogos preferem passar, de preferência, em silêncio. Isso, porque contradiz os termos "oficiais" de se expor o problema, segundo os quais o *abstrato* coincide antes com o geral, com o especulativo, com a *teoria*, com o que não encontra facilmente referentes no *mundo real* – como dizem com ar satisfeito os professores –, enquanto que o concreto seria aquilo que se toca e observa, que se concentra em um dado.[72]

Contudo, ainda no caso de um conceito de grande generalidade como o de *modo de produção*, os cuidados devem ser extremos quando se trata de introduzir a noção, formada no âmbito da moderna sociedade, em contextos diferentes, pois seria preciso reformular seu sentido e alcance no âmbito, por exemplo, de sociedades nômades de coletores ou em outros tipos de sociedades, nas quais a função produtiva deve necessariamente incluir-se no âmbito das funções sagradas, que são as que organizam o próprio conteúdo do que se pode designar de

---

[72] Para um comentário preciso sobre essa forma de proceder por parte de Marx em seu trabalho e uma crítica detalhada da forma como o sentido comum na vida prática utiliza tais ideias, cf. Karel Kosík (*Dialética do concreto* [1963], cap. I: "Dialética da totalidade concreta", p. 13-64).

maneira aproximada como *atividade produtiva*. Sobretudo, porém, seria preciso reconhecer na noção de modo de produção de Marx e em seu desdobramento analítico a presença de um espectro ideológico *produtivista*, derivado do próprio contexto social que tornou possível a noção, como há anos o demonstrou com múltiplos exemplos Jean Baudrillard, e que constitui um princípio de distorção quando se introduz, sem modificações, na análise de sociedades que não se orientam pela lógica do lucro e nem sequer do que nós designamos como *necessidades*.[73]

Pelo contrário, diferentemente da relativa generalidade que pode mostrar a noção de *modo de produção*, noções como as de *mercado*, *classes sociais* ou *indivíduo* são realidades que só se podem descrever para a moderna sociedade capitalista, na qual as realidades e as ideias de *espírito de lucro* e de *sistema econômico autonomizado* da política e da religião encontram sua completa expressão, o que não acontece na maioria das sociedades que existiram sobre a terra, como souberam ver analistas como Bronislaw Malinowski, Marcel Mauss ou Karl Polanyi. Da mesma forma, essa reflexão recorda a paradoxal situação de que na história econômica tem-se aplicado como forma básica de análise um instrumental que se deriva da breve experiência histórica dos três últimos séculos, aceitando que na época da hoje chamada *modernidade precoce* (século XVI) já regiam algumas das realidades econômicas que depois redefinirão e se estenderão por todo o universo.[74]

Uma ideia como a da *exclusão* não pode se aplicar de maneira direta a sociedades que têm características que lembram aquelas que no vocabulário clássico chamamos de *sociedades de antigo regime* – ou de ordens e corpos –, pois a noção de *exclusão* supõe o indivíduo (quer dizer,

---

[73] Cf., a respeito, a crítica sistemática do produtivismo de Marx e de seus discípulos em Jean Baudrillard (1980).

[74] Cf., por exemplo, o texto de Jean-Yves Grenier (2007), onde se discute sobre as especificidades econômicas e políticas desse tipo de sociedade e sua impossível assimilação direta à economia moderna de hoje. É um ponto a levar em conta, pois na América Latina, nos últimos trinta anos, foi sendo assumida, sem muita discussão, a noção de *sociedade de Antigo Regime,* embora se continue pensando com as velhas categorias que utilizam o nacionalismo *criollo*, que estudam a sociedade desse momento como *colônia*. E para uma versão, a mais radical possível, da diferença que existe entre as sociedades do período *pré-moderno* e as do *moderno* – aceitando provisoriamente esses termos – quanto à economia e política, cf. Bartolomé Clavero (1996, prefácio de Jacques Le Goff, edição em castelhano de 1991).

a concepção atomista da sociedade) e supõe a democracia como forma imaginária que representa como iguais os membros de uma sociedade. Possivelmente há um núcleo de verdade no que se quer assinalar com uma "noção como a de *exclusão* quando se tenta aplicá-la, por exemplo, a sociedades como as hispano-americanas dos séculos XVI a XVIII, mas, ao recorrer a um conceito do mundo de hoje para descrever as condições de vida e algumas formas de relação dos grupos que hoje são designados como *minorias*, o fenômeno que se quer conhecer se desnaturaliza, e a própria realidade da época que se quer descrever termina refletida em um espelho que não corresponde a ela.[75]

Um tipo de realidade como a que se quer quantificar com a noção de *produto interno bruto* não resulta mais que uma aproximação indevida, quando se leva a sociedades nas quais não só não existem os dados que se requerem para colocá-la em marcha, mas em que, além disso, não se estenderam nem a esfera do mercado livre de bens – que tende a ser bastante marginal no intercâmbio de produtos –, nem o regime assalariado, que não só é dominante, mas que, de mais a mais, só formalmente toma a aparência de trabalho assalariado, embora se encontre longe de ser trabalho livre no sentido moderno da expressão. Trata-se, pois, de levar em conta que nessa sociedade de *antigo regime colonial* – utilizemos a expressão em toda sua insegurança – existem realidades substanciais que tornam impossível a existência da realidade do *produto interno bruto*, sob a forma como a conhecemos na sociedade de hoje – claro, se se trata de captar realidades históricas e não de fazer jogos de simulação.[76]

Parece um despropósito uma noção como a de *história da arte*, aplicada ao mundo da imagem em sociedades nas quais a *arte* ainda não se constituiu como uma atividade social autônoma, separada do conjunto de atividades manuais que a sociedade desenvolve, já

---

[75] Cf. Bartolomé Clavero (1991), para o que diz respeito à própria noção com a própria noção de *indivíduo* como centro da organização legal das sociedades de hoje, por diferença com as definições estatutárias em termos de *corpo* e de *grupo* nas sociedades anteriores ao advento do individualismo moderno.

[76] Cf., por exemplo, as explicações precisas que sobre as relações entre *política* e *economia* no âmbito de sociedades *pré-capitalistas* oferece John Pocock (2002, p. 339-362); e sua ideia da impossibilidade de aplicar quadros modernos de interpretação econômica a sociedades que não conheceram essas realidades sob a forma em que nós as conhecemos.

concretizado esse processo de autonomização em instituições próprias, num discurso específico e em agentes desse discurso, o mesmo que na existência de algo que pode ser designado como *público da arte*, ou seja, faz muito menos de cinco séculos. A não ser que o analista advirta imediatamente a seus leitores que se trata de aproximações analógicas, de linguagens emprestadas do presente que devem ser modificadas passo a passo no próprio âmbito da investigação, e que é necessário não se deixar arrastar pela força de palavras por trás das quais se escondem as convenções modernas acerca desse fenômeno. Isso, mais cedo do que tarde, conduz o analista a imaginar para todo tipo de sociedade a existência da *arte* e, portanto, da história da arte, da crítica e de seus especialistas.[77]

Como abunda a literatura sobre o problema, ao ponto que chegou a ser um *tópico*, um *lugar comum* na formação em ciências sociais e história, como o comprovam os manuais de etnografia e de história, é suficiente que nos detenhamos somente em um ou dois aspectos do problema, que são solidários com as observações que fiz e com as que vou fazer nos capítulos seguintes. Mas, para isso, é necessário que esqueçamos por um momento os manuais de etnografia e de história, e que pensemos preferencialmente em um ponto sobre o qual pouco dizem esses manuais, inclusive os melhores. Trata-se das formas de reprodução da atitude anacrônica e etnocêntrica, pois esses dois obstáculos de conhecimento não são simplesmente dois erros sobre os quais seria preciso advertir os estudantes, os quais, bem informados e armados da melhor boa vontade, não teriam maiores dificuldades para se livrar dessa tendência recorrente de nosso pensamento, desse *habitus*, constituído em condições sociais particulares, para dizê-lo como termo mais preciso.[78]

---

[77] Cf. a obra de Hans Belting (2009); e repare-se de maneira particular em seu subtítulo. Cf., igualmente, sobre esse mesmo tipo de problemas, embora em um contexto diferente, Éric Michaud (2005). No campo da história política, os avanços na discussão sobre a noção de *Estado* têm sido grandes, e deles resulta a restrição no uso da palavra, que hoje aparece bastante limitada ao mundo da modernidade. Cf., por exemplo, Jean-Philippe Genet (2003).

[78] Mesmo que aqui não discutamos os possíveis usos *positivos experimentais* do anacronismo, que sem dúvida existe, é preciso assinalar que a superação completa do anacronismo parece não ser possível na análise histórica e antropológica, pois ninguém pode desprender-se em termos absolutos do espaço mental a que pertence. Porém, trabalhando em termos comparativos, é possível se introduzir no caráter específico das sociedades do passado sobre as quais se quer refletir, como mostrou de maneira sistemática Louis Dumont em muitíssimos de seus ensaios. Cf., por

O assunto é, em síntese, o seguinte: nosso desembarque natural e pouco surpreendente nesse tipo de erros que chamamos de *anacronismo* e *etnocentrismo* não é simplesmente o resultado de falta de informação sobre um dos possíveis "erros" entre os vários que no trabalho de campo, no arquivo ou no momento específico da análise podemos cometer. Trata-se, na realidade, do que Marx chamou *erros encarnados*: uma ideia básica sobre o funcionamento das estruturas da sociedade, mas uma ideia difícil de explicar, visto que supõe romper com nossa representação habitual do mundo social.

Uma forma cômoda de aceder a essa ideia é se perguntar pelas *condições de reprodução* de um tipo de "erro" particular como o que agora analisamos e tratar de imaginar quais são as circunstâncias da vida social que constituem sua *fonte* e *alimentos básicos*, quais são as condições estruturais de sua existência e reprodução. Dessa maneira, evitamos desembocar no terreno das falsas generalizações que fazem desse tipo de "equívocos" ou erros puramente individuais que dependem da *falta de informação* ou das *deficiências* particulares *do sujeito de conhecimento*, ou, pelo contrário, embora na mesma lógica, concepções que fazem depender desse tipo de recaídas em tendências insuperáveis de um fantasioso *espírito humano universal*.

Como se sabe, um dos aspectos menos reconhecidos e mais surpreendentes das ideias de Marx sobre o funcionamento da sociedade, e o ponto de apoio de sua formulação de que há formas de representação – e fontes de erro – que não desaparecem senão na medida em que as estruturas que as possibilitam também desaparecem, refere-se a essa espécie de "ontologia social" que estabelece uma relação estrutural entre funcionamentos sociais e formas de percepção da realidade. É essa a base de sua "escandalosa" formulação de que a interpretação do mundo, que nunca descartou, é condição puramente parcial da transformação de certa realidade social.[79]

---

exemplo, Louis Dumont (1992). Acrescentemos, além disso, que a ideia dos usos positivos do anacronismo depende de uma discussão que exige um quadro maior: o das possibilidades do uso do método experimental, transformado segundo outra ordem de exigências, nas ciências sociais, como observou bem Durkheim, embora tenha reduzido o assunto ao uso do método comparativo, e à investigação histórica.

[79] De todo modo, não existe em Marx, como ocorreu com alguns de seus discípulos, como Georg Lukács em páginas de *História e consciência de classe*, a ideia confusa de que a transformação da

Porém, essa concepção da relação entre *pensamento e sociedade* não é exclusiva de Marx. Ludwig Wittgenstein, pelo menos na interpretação que Jacques Bouveresse faz de sua filosofia, participa de ponto de vista similar, o qual, entre outras coisas, vem a ser hoje o da sociologia. Bouveresse indica que "A convicção profunda de Wittgenstein é que os problemas filosóficos dos quais ele se ocupa estão vinculados, em último termo, a certas características da cultura e da civilização contemporâneas que têm que se modificar ou se eliminar", e assinala, em seguida, que esses são os limites da análise filosófica, pois o mais que pode fazer a filosofia nesse terreno "é descrever os sintomas e identificar as causas".[80]

A ideia é, portanto, que quando falamos de anacronismo e de etnocentrismo não estamos falando de erros individuais, nem sequer de erros coletivos que possam desaparecer com informação e boa vontade. A ideia é, pelo contrário, a da existência de um *erro social encarnado*, a existência de bases estruturais que condicionam as interpretações sociais, as quais não são simplesmente o produto de ações sociais de orientação educativa perversa e das circunstâncias de inércia do meio ambiente social, mas sim, antes de tudo, o produto de condições sociais e institucionais sobre as quais repousa uma certa forma social de existência.

Devemos falar um momento de uma dessas condições sociais que parece ser hoje condição básica – estrutural – do anacronismo. Vamos nos referir, pois, à *fratura e ao fracionamento cada vez maior da experiência social dos indivíduos na sociedade de hoje*, a seu caráter separado e compartimentado, e insistiremos de maneira particular na experiência vivida em uma sociedade como a nossa.

De saída, é preciso dizer que, pelos fenômenos de violência social e política que percorrem a atual sociedade e pela invocação universal que hoje se faz da presença do terror e do terrorismo, nossa experiência histórica, tal como se desenvolve de maneira cotidiana, é cada vez mais fragmentada, mais segregada, mais separada, em

---

sociedade por via revolucionária coincidiria com uma nova transparência do mundo social, onde *essência* e *aparência* se fundiriam e o caráter de enigma e de esfinge da realidade social desapareceria.
[80] BOUVERESSE, 2006, p. 180.

termos das relações entre os grupos sociais que compõem os entornos imediatos nos quais se constitui nossa vida social. As cidades colombianas, por exemplo, apesar dos esforços realizados nos últimos anos para derrotar essa tendência, não foram capazes, até o presente, de organizar espaços comuns que permitam o encontro de seus grupos sociais diversos, os quais, de preferência, parecem se relacionar por meio do medo e da desconfiança.

No passado, muitas cidades tiveram aqui e em outras partes do mundo, espaços que permitiam a reunião de pessoas de condição social diversa: praças e mercados, parques e zonas de entretenimento que mais ou menos atenuavam a separação social e permitiam que linguagens diversas se cruzassem e que de alguma maneira os corpos se tocassem, pelo menos no instante de um encontro passageiro. Hoje, e apesar de alguns esforços existentes, a segregação se impôs como um modelo urbano, não tanto pela imposição de um *projeto racionalizador* das diferenças sociais que busque impedir toda convergência entre as pessoas que formam uma cidade – embora haja pessoas que estariam felizes com essa situação –, mas sim pelas forças das circunstâncias, pela vulnerabilidade real em que vivem os cidadãos e pelo peso do medo, *incrementado pelas representações do medo.*

Embora possam existir esforços maravilhosos do ponto de vista da aproximação e da convivência sociais, como o próprio reconhecimento da necessidade do espaço público e outras experiências como a dos festivais públicos de música ou os encontros mundiais de poesia, as separações sociais urbanas permanecem e se incrementaram e adquiriram formas mais insidiosas, inclusive no próprio espaço do "popular". Como no caso das grandes cidades metropolitanas, com o desenvolvimento das fronteiras invisíveis e demais formas de confinamento espacial, o que fez com que o trânsito dessas fronteiras – invisíveis mas bem vigiadas – possa ter um alto preço, segundo uma experiência muito conhecida no presente colombiano, mas que não é alheia à vida urbana em outras geografias.

Não necessitamos nos estender mais sobre o ponto, mas devemos refletir sobre o que essa vida fragmentada significa em termos de juízos etnocêntricos (e anacrônicos) na análise da sociedade. Como se sabe, as existências fragmentadas e segregadas não só separam, mas produzem desconhecimento do próximo, do vizinho, do *outro*; confinam no âmbito familiar. Criam inexistentes umbigos do mundo que remetem a universos encarcerados, provincianos, que são o alimento de julgamentos unilaterais e de preconceitos sobre todo-*outro* que não se pareça com a própria representação, regularmente falsa, que temos feito de nós, de nosso pequeno entorno familiar, bairrista, escolar.

A fragmentação urbana impõe limites à nossa atividade e ao nosso conhecimento. É uma grande matriz formadora de preconceitos sobre o próximo, nos separa e cinde, e termina fazendo da vida social uma fonte de desconfiança frente aos demais e de confiança soberba e cega no "nosso". Gera desconfiança e induz ao encarceramento em mundos familiares e conhecidos, e nos condena a observar e a viver a vida a partir da distância, a partir de uma janela com grades e um vidro que distorce o panorama. Uma separação dessa natureza nos afasta do sábio preceito que Gaston Bachelard, recorrendo a um verso de Paul Éluard, recomendava como ciência máxima: "*Il ne faut voir la realité telle que je suis*", ao começo de uma de suas mais surpreendentes reflexões sobre o fogo, suas imagens e a fantasia.[81]

Se a vida de um investigador social, seja sociólogo, historiador, antropólogo, não importa de qual especialização se trate, se constitui em grande medida sobre a base do exame crítico de sua experiência do mundo (como tanto insistia Charles Wright Mills em sua tentativa de fundamentar algumas das condições do que denominou a *imaginação sociológica*). Se somente sobre a base de relações enriquecidas mediante o contato com pessoas que sejam de natureza muito diversa à nossa própria natureza podemos ingressar de maneira prática na ideia da *diversidade humana*. E se o conhecimento das ciências sociais é amplamente dependente da possibilidade de viver em vários mundos, de transitar por várias culturas, de mover-se em superfícies distintas e, no possível, amplamente contrastadas, então, é claro que vivemos em uma época que reforça alguns dos maiores obstáculos para a formação de analistas da sociedade.[82]

---

[81] BACHELARD, 2012.

[82] Cf. a respeito, como exemplo de tudo isso, os livros inovadores e sugestivos de Natalie Zemon Davis (1997, 2006). A mesma ideia de *riqueza de apropriação do mundo* e *circulação por diversidade de contextos culturais* resulta do excelente e pouco conhecido livro de Mercedes García-Arenal; Gerard Wiegers (2006).

Não tenho maiores dúvidas, e creio havê-lo observado com cuidado e havê-lo comprovado mais além dos simples casos particulares, de que a experiência empobrecida do presente é uma das fontes maiores do anacronismo histórico, pois projetamos também no tempo, e inclusive com mais força, essa absolutização de nossa experiência parcial e localizada. E terminamos pensando que assim como para nossas vidas de hoje somente vemos uma *trajetória possível*, fixada pelas condições presentes em que habitamos este mundo, também deve ocorrer a respeito do passado, e terminamos então pensando que a existência em outras épocas deve ter sido tão pouco colorida, tão estreita em termos morais, tão faltosa de abertura e tão encarcerada como chegou a ser no presente de nossas vidas pela força das condições em que vivemos.

Todo aquele que não se parece de imediato ao que reconhecemos se converte em invisível ou em exotismo, o que fecha todo caminho à sua compreensão e avaliação. É uma armadilha difícil de escapar. Todos os recursos ocultos da vida social e ainda suas mensagens e lições mais cotidianas, ligadas ao consumo, querem nos convencer de que todo exterior é simplesmente uma ameaça da qual devemos fugir.

Dir-se-ia que para superar esse obstáculo e construir um olhar mais interrogativo, mas disposto a surpresas, mais aberto a comprovar a riqueza contraditória do mundo, não se requereria mais do que um bom atlas e alguns romances com descrições enriquecidas e imaginativas da vida social de outras épocas, ou, quando se tem dinheiro, converter-se à nova religião do turismo global e observar de perto o que de nenhuma maneira deixa de ser um exotismo no observador. Temo que apesar do valor que em termos pedagógicos possa possuir o procedimento mencionado, em termos existenciais não é isso exatamente o que necessitamos para romper a barreira de preconceitos que as existências fragmentadas alimentam, sobretudo aquilo que não resulta semelhante ao conhecido.

Assinalemos, finalmente, para concluir este capítulo, que em parte da literatura recente sobre esses problemas parece-me observar um uso acentuado da palavra *eurocentrismo* e um esquecimento da noção de *etnocentrismo*. Prefiro o uso do termo *etnocentrismo* ao da palavra *eurocentrismo*, que prolonga a ilusão de que esse obstáculo ao conhecimento só existe *nessas terras distantes* (onde, certamente, existe), mas não nos pensadores pós-modernos que o denunciam nos Estados Unidos, nem nos militantes locais do anúncio da "boa nova". *Eurocentrismo* é na América Latina uma palavra que fomenta uma ilusão que nos permite ver o problema como alheio a nossas análises e a nossas vidas.

O que se chama etnocentrismo e sua tradução no campo dos historiadores, o anacronismo, não são patologias de uma cultura e de outras não – por exemplo, também existe o *racismo invertido* –, embora em épocas e sociedades determinadas os traços desses dois obstáculos ao pensamento possam ter se acentuado. No campo da análise, o principal é saber, como indica Descola, que nossos conceitos não são universais, pois "são estilizações de uma experiência histórica particular". O autor acrescenta, em seguida, que "uma sociologia universal é, de certa maneira, uma cosmologia particular nascida de uma experiência histórica singular...".[83]

---

[83] Descola (9 de abril de 2013, on-line). Em seu clamor – que é o clamor de muitos – por uma *antropologia pluralista*, Descola insistirá, em seguida, que ela não consiste em "opor um Ocidente mais propriamente inexistente" a um "indefinido resto do mundo". Refere-se então a "tratar em um pé de igualdade as diferentes maneiras de enfrentar a diversidade do mundo, elaborando uma linguagem de descrição e de análise que permita dar conta de formas muito diversas, embora não infinitas, de 'organizar o mundo'" (DESCOLA, 9 de abril de 2013, on-line).

O problema da linguagem

Um dos maiores obstáculos que enfrenta o analista da sociedade tem a ver com a linguagem, com seu caráter marcadamente social, tanto do ponto de vista de seus usuários como do ponto de vista de seus significados historicamente mutantes. Trata-se de uma dificuldade maior que é ao mesmo tempo uma oportunidade, pois a linguagem é a grande forma de acesso à análise social, já que *o dito* – como diria o Michel Foucault da época da *Arqueologia do saber* – é a porta de entrada aos sistemas de classificação, de hierarquização e de representação que caracterizam uma sociedade determinada.[84]

Vou me referir agora, de maneira específica, à disciplina histórica. O assunto apresenta, sobre esse ponto, questões difíceis de resolver, e embora para muita gente continue parecendo que a análise histórica é simplesmente uma maneira *agradável e útil de contar o sucedido*, como se dizia às vezes no século XVIII, o praticante do ofício deve saber que os problemas a considerar são similares em dificuldade aos que enfrenta o praticante de qualquer ciência social que trabalha com a ideia de produção de novos conhecimentos mediante o empenho na formulação de novas perguntas e de uma atividade controlada de construção de tentativas parciais de resposta.

---

[84] Para uma introdução elementar ao estudo das relações entre linguagem e sociedade e a posterior constituição de um domínio especializado sob o nome de *sociolinguística histórica*, cf. Juan Camilo Conde Silvestre (2007). Porém, deve-se levar em conta que o texto continua muito amarrado ao trabalho convencional da linguística e se submete ainda à lógica da investigação tradicional nesse campo. Nas notas seguintes, o leitor encontrará referências mais precisas sobre a relação linguagem-sociedade no próprio campo da investigação histórica.

Um desses problemas que o historiador deve enfrentar de imediato em seu trabalho está relacionado, precisamente, com a linguagem. Não é estranho que os problemas da *semântica histórica* tenham terminado no século XX ocupando uma posição destacada na hierarquia dos problemas que o historiador enfrenta em seu trabalho, ao lado do problema do tempo histórico e das escalas de análise, pois se trata de um século que conheceu notáveis evoluções no campo da filosofia analítica – que é em grande parte uma filosofia da linguagem –, cujas conquistas, em grande medida, mudaram a *própria figura* da análise filosófica.[85]

O debate e os avanços da *semântica histórica* no século XX reintroduziram entre os historiadores a preocupação pela linguagem. Uma preocupação constante na filosofia medieval e na filosofia dos inícios dos tempos modernos, mas que logo foi um tanto eclipsada em benefício de discussões sobre o método histórico que tinha a ver, antes de tudo, com a erudição, com a criação dos grandes arquivos monárquicos (e no século XIX, nacionais), com a formação de coleções monumentais, seguindo o caminho aberto pelo positivismo alemão, e com a definição das condições de sociabilidade que supunha o trabalho histórico (as sociedades de letras, as academias provinciais e nacionais, etc.) em um momento em que já começava a se definir o que seria, no século XX, o projeto de uma *história científica*, com o que ficaria um pouco "entre parênteses" a velha inspiração filológica do *método histórico*.

Na Europa, durante muito tempo foram, sobretudo, os historiadores da Antiguidade e do período medieval que mantiveram a tradição de reflexão prática sobre a linguagem, na leitura de seus

---

[85] Para uma introdução razoável e completa aos problemas da filosofia analítica, às vezes chamada, com certa inexatidão, de *filosofia anglo-saxônica*, cf. Michel Meyer (2010). Embora pareça estranho, não é habitual nas apresentações das filosofias modernas da linguagem recordar a importância, direta ou indireta, que para sua constituição tiveram os escritores que jogaram até o limite com a linguagem, como Lewis Carroll ou como Alfred Jarry, e em geral os autores de teatro aos quais se classificou como membros da escola do absurdo – sem mencionar agora o caso e a obra exemplares e limites de James Joyce. Para as implicações mais diretamente históricas da análise da linguagem em sua vertente alemã, cf. Reinhart Koselleck (2012), que sintetiza seu próprio espírito de investigação nesses campos. Os avanços a respeito na Hispano-América têm sido grandes na última década e não cabe dúvida de que boa parte deles se relacionam com a obra, em andamento, de Javier Fernández Sebastián e seus projetos de dicionários históricos. Cf., por exemplo, Sebastián (2009).

documentos. Em grande medida porque, se se tratava de testemunhos escritos, seu trabalho dependia de um conjunto muito delimitado, e quase fixado de antemão, de textos. Enquanto isso, seus colegas das épocas recentes contavam com grandes arquivos e concentrações de documentos que permitiam avançar pelo caminho serial e quantitativo, e levar à linguagem das porcentagens e das médias muitos dos fatos das sociedades que estudavam. A Antiguidade e o mundo feudal continuavam dependendo de um grupo curto de documentos escritos, e tudo mais que pudesse oferecer à arqueologia, uma disciplina que apresenta seus próprios problemas para a interpretação do historiador.

Citemos sobre esse cuidado com a linguagem o próprio Georges Duby, que oferece o testemunho do *exame das palavras* como núcleo do próprio *método histórico*, pelo menos para quem tem como especialidade a Idade Média. "Nos escritos narrativos compostos no século XII no noroeste do Reino da França se observam certos homens de bom nascimento designados como 'jovens', seja individualmente pelo adjetivo '*juvenius*', seja coletivamente pelo substantivo '*juventus*'". É claro, acrescenta Duby depois dessa constatação, que "esses termos são qualificativos precisos utilizados para assinalar o pertencimento a um grupo social particular". E se lança em seguida, sempre sobre a base da constatação de linguagem, a identificar a *população* que à época incluía sob essa palavra e a estabelecer os limites disso que em termos sociológicos designamos como uma *classe de idade*. Dirá, então, que os termos são utilizados a propósito de pessoas da Igreja e, sobretudo, para distinguir certa fração da comunidade monástica; embora o mais frequente seja que se apliquem a pessoas de guerra e sirvam para situá-los em uma etapa bem determinada de sua existência.[86]

Os historiadores voltaram finalmente à ideia de que a atenção para com as palavras era um dos mais importantes segredos do ofício, e, ao lado das preocupações documentais, seriais e quantitativas, e apoiando-se nos descobrimentos da linguística em princípios do século XX, a preocupação com as *palavras e as coisas*, que nunca se havia se abandonado de todo, voltou a ocupar seu lugar, com uma consideração mais precisa das relações entre linguagem e sociedade, evitando

[86] DUBY, 1996, p. 1383.

a tentação de uma formulação puramente abstrata e proposicional da linguagem em benefício de uma perspectiva pragmática, que insistia, sobretudo, no uso e nos usuários, nas funções.

Todavia, ainda hoje, em muitas ocasiões na investigação histórica, continua a se passar com pouca atenção pelas *palavras* – e *por suas relações* –, como se uma reflexão inicial sobre a linguagem em que uma época tratou de uma situação determinada (de um acontecimento, de algo que sucedeu, de um evento) não fosse um preâmbulo necessário à colocação correta dos problemas e uma oportunidade de abrir portas a uma análise – a análise histórica – que expõe as dificuldades que vão mais além do *resumo dos fatos de uma época*.

Como se sabe – ou se deveria saber –, uma das vias mais produtivas de entrada à análise de uma sociedade, e uma das formas mais eficazes de luta contra o etnocentrismo e o anacronismo, está dada pelo reconhecimento do caráter específico da linguagem com a qual a sociedade nomeia e classifica seus objetos, mediante a reconstrução da linguagem em que designa as relações, os grupos sociais e as formas de interação que a caracterizam. E isso não porque a linguagem seja simplesmente, em cada momento da vida social, um *reflexo da sociedade*, como às vezes se diz, mas porque a linguagem de uma época determinada, normalmente presente em seus testemunhos escritos, é *uma* das primeiras *superfícies* com que nos encontramos quando queremos conhecer uma sociedade.

Não se trata de que a linguagem seja um reflexo direto da sociedade, o testemunho passivo da forma como as coisas transcorriam em certa época. Trata-se, simplesmente, do ponto inicial em que os enigmas começam a aparecer, com seu caráter complexo de indicações, que, ao mesmo tempo, se oferecem como pistas sobre o mundo das relações e como lugares de engano e distorção acerca da natureza dessas relações.[87]

Trata-se, antes de tudo, de que a linguagem nos põe em contato com as formas de perceber, com as formas de representar, com as formas como uma sociedade *fala de si mesma*. Deixar de lado a linguagem de uma época, em busca de uma suposta análise objetivista que trataria

---

[87] Cf., a respeito, como exemplo de uma consideração muito precisa das relações entre linguagem e sociedade por parte de um linguista informado, Émile Benveniste (2008).

de se aproximar de pretendidos fatos nus, é erro tão grave como substituir a linguagem de uma época por nossa própria linguagem, o que resulta ser mais uma maneira de impor a uma sociedade uma forma de categorização e de compreensão que não lhe corresponde, e que pode nos levar a desfigurar, de imediato, a realidade que queremos conhecer e interpretar.

Uma sociedade não é simplesmente um conjunto de estruturas desconectadas das formas em que elas mesmas são percebidas, sentidas e representadas. Entre as diversas formas de atividade humana que são o conteúdo dessas estruturas que designamos como *sociais* e que condensam a prática humana em sua historicidade, nenhuma é tão eficaz como a linguagem, nenhuma tão imprescindível como essa maneira de designar, de classificar, de elaborar, de coisificar e, às vezes, de transformar o mundo social, que se encontra na linguagem.[88]

Portanto, a análise da linguagem como *análise da linguagem efetiva de uma época determinada* – que é o que aqui designamos como *semântica histórica* – é instrumento e exigência inestimável do trabalho dos historiadores e ponto obrigatório do pouco que se pode designar como *método próprio* no campo das ciências históricas. Isso nos recorda que boa parte da constituição do conhecimento histórico com pretensão de verdade teve no passado seu lugar de elaboração no campo da filologia no âmbito da discussão sobre o *significado das palavras*, o que, finalmente, conduziu os historiadores ao preceito de que não podemos impor a uma sociedade uma linguagem em que ela não se reconheça.[89]

---

[88] Cf., a respeito, entre muitas outras fontes possíveis para discutir este problema, Pierre Bourdieu (1998).

[89] No campo da história das ciências, do qual faz parte a história das ciências sociais, o respeito e a restituição de um vocabulário determinado, como o *vocabulário de época*, é essencial na tarefa de reconstrução do pensamento científico de uma época dada. Não há nenhuma razão válida – e muito menos, como se dizia há alguns anos, *politicamente correta* – para modificar um termo de época (um dado essencial para os historiadores das ciências sociais), como o faz, por exemplo, a tradutora do livro de Robert West, *The Pacific Lowlands of Colombia. A Negroid Area of the American Tropics* [1957], assumindo para si mesma a atribuição de retirar de sua tradução a palavra *negroide* (utilizada, além disso, de maneira ampla na Colômbia nas obras de geografia dos anos 1920-1940), com a seguinte lacônica – ou autoritária – explicação: "Ao se referir à população negra, West usa o termo negroide [...], palavra que eu eliminei da tradução"; cf. Robert West (2000, p. 16-17). É preciso esperar que decisões dessa natureza não se tornem opções dos tradutores da Bíblia ou de Homero, ou do bolero latino-americano, onde aparece tanto termo "incorreto".

Quis por isso considerar por um momento um exemplo que acho significativo a esse respeito e que se relaciona com a chamada *sociedade colonial*, ou seja, com a sociedade da Nova Granada dos séculos XVI ao XVIII, que também designamos, de maneira corrente, como *Novo Reino de Granada*, ou, para a segunda metade do século XVIII, como *vice-reino da Nova Granada*, embora creia que meu exemplo possa se estender ao conjunto de possessões hispano-americanas dessa época, e sua lição geral de método, à consideração de muitos outros problemas da análise histórica.

Uma das palavras mais correntes no vocabulário dos historiadores quando querem falar da sociedade hispano-americana dos séculos XVI ao XVIII é a palavra *colônia*, que se utiliza muito mais do que a expressão *sociedade colonial*, expressão que tem pelo menos o mérito de assinalar que *isso* designado como *colonial* não era por isso menos *uma sociedade*, do ponto de vista de suas instituições sociais, de suas estruturas políticas e da riqueza de sua experiência histórica. Embora a expressão *colônia* – um legado antes de tudo republicano – tenha feito carreira e, dificilmente, possamos nos esquecer dela no nosso vocabulário convencional, ela carrega uma série de dificuldades e de equívocos que deveriam ser pensados, principalmente quando se quer tornar compatível esse vocabulário simples com a imensa variedade de evoluções originais que essa sociedade conheceu. A sociedade produziu um marco societário de grandes originalidades que se foi criando por meio das mais variadas formas de mestiçagem, que terminaram, já na segunda metade do século XVIII, com a ordem social que a Coroa havia imaginado para essa sociedade no século XVI.[90]

O problema que queremos considerar com esse exemplo refere-se à forte carga semântica do adjetivo *colonial* e do substantivo *colônia*. São duas palavras ligadas de maneira muito forte e afetiva à experiência política dos latino-americanos, e em geral à experiência de todos os analistas que vinculam seu trabalho e sua experiência histórica com o que se designa também, desde o início do processo de descoloni-

---

[90] Em um artigo escrito há certo tempo, Annick Lempérière (2012) chamou de maneira aguda a atenção sobre os problemas dessa designação. Para uma reflexão sobre o mesmo tema, embora não na mesma direção, cf. Jean-Frédéric Schaub (2008, p. 625-646). É preciso assinalar de passagem que esse difícil problema permanece aberto e que não se pode ter a ilusão de fechá-lo com a simples substituição da expressão *colônia* pela de *sociedade de antigo regime colonial*.

zação que seguiu a Segunda Guerra Mundial, como *Terceiro Mundo*. É preciso, além disso, prestar atenção ao fato de que os sentidos da palavra, como adjetivo e como substantivo, se organizam segundo camadas acumuladas de sentido, sedimentos históricos somados uns aos outros, em um processo no qual o aparecimento de novos significados de nenhuma maneira desaloja por completo os sentidos anteriores. Isso outorga às palavras uma polissemia permanente que se relaciona também com a variedade de seus usuários e os contextos políticos, acadêmicos ou sociais de sua utilização.

É preciso levar em conta, deste modo, que o uso dessas palavras no vocabulário histórico que nos rodeia veio como um *fato natural*, como um *fato herdado*, que possivelmente ninguém se preocupou em interrogar, o que faz com que tal designação nunca seja discutida e que a própria polissemia da palavra passe como um fato inexistente. Na medida em que o *nacionalismo criollo* foi a grande tradição historiográfica de nossa sociedade desde o século XIX até os pequenos assaltos pós-modernos dos últimos anos – também aparentados com o *nacionalismo criollo* –, a presença da palavra *colônia* tem sido uma constante. Mas não se pode deixar de chamar a atenção para o fato de que, baseada em suas próprias suposições, na Colômbia, a história social e econômica dos anos 1970 do século XX assentou os alicerces de sua crítica, ao descobrir uma sociedade com evoluções ricas e surpreendentes que transformaram, como em toda a América Espanhola, o desenho original que a Coroa e a legislação monárquica inicial haviam proposto para as novas possessões ultramarinas.

Para começar nos referindo às camadas de sentido mais recentes, recordemos que *colônia* e *colonial*, bem como as derivações que podem acompanhar tais palavras, têm uma forte carga semântica no campo da política. As pessoas de minha idade que são ou foram de esquerda na sua juventude sabem que *colônia* é uma palavra "marcada e explosiva", pois é uma de nossas palavras para designar a presença dos efeitos do imperialismo norte-americano, que nos anos 1970 do século XX ainda não se designava como *império*, como se fará em grande medida, depois da obra de Toni Negri e Michael Hardt e a retórica do presidente Chávez, acompanhada pelos desenvolvimentos pós-modernos. As *colônias* eram nessa época já velha dos anos 1970 o que chamávamos de o pátio traseiro do imperialismo, nossa designação para as sociedades que, na América Latina do século XX, julgávamos como incapazes de ter uma política própria, diferente da que impunha Washington por meio do Departamento de Estado, da Organização dos Estados Americanos (OEA) ou da intervenção militar.

Mas nós havíamos recebido a palavra de nossos adultos e, como se pode intuir, a transmissão deve ter ocorrido nos finais dos anos 1950 e princípios dos anos 1960, no âmbito da luta dos cubanos contra a ditadura de Fulgêncio Batista. Esse foi o momento em que o substantivo e o adjetivo tomaram novos brios e um inevitável ar de insulto, uma vez que, pelo caminho, passou-se de *colônia* a *colonialista* e, imediatamente, a *lacaio do colonialismo e do imperialismo*.[91]

As declarações da liderança revolucionária que em 1959 tomou o poder em Cuba enfatizaram, quase desde o princípio, que se lutava contra o *colonialismo* que os Estados Unidos haviam instaurado por todo o mundo, e não estabeleceram nenhuma diferença entre as formas de dominação presentes nas sociedades latino-americanas e as dominações existentes, por exemplo, nos novos estados africanos. Efetivamente, estes últimos surgiram a partir da intervenção estrangeira sobre velhas sociedades tribais que entraram desde então em um acelerado processo de decomposição de suas estruturas e, da maneira mais errática que se possa imaginar, ensaiaram regimes políticos que copiam o comunismo, a democracia, diferentes formas de domínio militar, formas restituídas do domínio tribal e muitas outras modalidades que não importa agora definir, mas que foram todas produtoras de um caos maior e de processos de decomposição social e anomia.

Quando se lê hoje a obra de Indalecio Liévano Aguirre, *Os grandes conflitos sociais e econômicos de nossa história*, que começou a ser publicada em entregas semanais desde meados de 1959, se reconhece de imediato a crítica do colonialismo e se identifica com facilidade

---

[91] De resto, e como parte de seu projeto de legitimação política – fato facilmente explicável –, a liderança cubana se dedicou de maneira sistemática a desprestigiar o processo de independência nacional do século XIX na América Latina e a negar-lhe seu caráter de revolução, apresentando-o como episódio irrisório que em nada havia contribuído para a mudança nessas sociedades, no que se refere à situação dos grupos populares, que agora deveriam "lutar por sua verdadeira independência", "pela qual já têm lutado e morrido mais de uma vez inutilmente", como dizia a *II Declaração de Havana*, uma consideração que, apesar de diminuída em sua eficácia propagandística, não deixou de mostrar com fundamento nas celebrações recentes do Bicentenário.

um vocabulário que foi longe na análise histórica na Colômbia e que, em grande medida, com mudanças de superfície, terminou por ser amplamente coincidente com o mais recente dos pós-modernos, apesar de que suas fontes sejam diferentes, como são diferentes as funções que essa forma de expor os problemas suportou. Esse vocabulário, além do mais, já havia sido, na maior parte das vezes, o dos analistas e críticos que iniciaram sua carreira intelectual no primeiro terço do século XX – como o caso do destacado economista e sociólogo colombiano Antonio García, entre vários outros, que radicalizaram uma linguagem que, na realidade, tinha suas raízes na própria época da independência nacional, embora todos o ignorassem.

Porém, a palavra *colônia* e o adjetivo *colonial*, em sua aplicação ao que depois se chamará América Latina, vinham de muito mais longe. Essas palavras haviam sido utilizadas pelos filósofos e historiadores franceses e ingleses do século XVIII, depois de 1760, como uma forma de atacar o domínio espanhol sobre as posições hispânicas de ultramar.[92] Em seguida, a palavra foi uma das favoritas dos patriotas hispano-americanos e, certamente, dos granadinos, para caracterizar a forma de domínio que, em sua *nova opinião*, posterior a 1808, havia caracterizado a dominação hispânica em seus territórios de ultramar, pois tinham descoberto, em um abrir e fechar de olhos, que já não eram os *espanhóis americanos* felizes de ontem os súditos de uma grande monarquia – *vassalos do senhor* –, mas sim os *criollos* vítimas do despotismo que desde 1492 se havia instaurado nesses territórios.

Ainda que fosse preciso dar seguimentos mais cuidadosos do que aqueles que apresento aqui, creio que a concepção de um mundo estritamente *colonial* no sentido que depois adquirirá a palavra, só começou a ser exposta – muito lentamente – depois de 1740, nas discussões do Conselho das Índias sobre os rendimentos econômicos das possessões de ultramar, entre elas o Novo Reino de Granada, onde, segundo muitos dos conselheiros, se investia mais do que se sacava, como foi mencionado em muitas das discussões sobre a criação do vice-reino da Nova Granada, que havia voltado a ser proposta.

---

[92] Cf., de maneira particular, a obra de Guillaume Thomas Raynal (1998), amplamente discutida e criticada no *Papel Periódico*. Cf. "Manifestação dedicada à ilustre memória de um célebre literato de nosso século", em *Papel Periódico de Santafé de Bogotá*, n. 253, 22 de julho de 1796.

De sua parte, John Elliot, com muitas boas razões, crê que se se observa o conjunto do continente americano, o início da grande mudança entre os impérios inglês e espanhol e suas possessões de ultramar começa imediatamente no término da Guerra dos Sete Anos (1756-1763), quando dois impérios exaustos e com grandes necessidades econômicas decidem começar a modificar o estatuto político sob o qual haviam vivido os povoadores dessas regiões. Dessa maneira, se inicia um processo descontínuo, e ainda não suficientemente conhecido, cujo ponto de inflexão mais visível se conecta com a resposta das possessões *coloniais* à crise da monarquia na Espanha, no momento da invasão napoleônica. Serão esses pontos de inflexão do processo os que permitem não só o início de uma discussão política sobre as respostas à crise, como também a elaboração mais consciente, e obtida da doutrina inicial dos *agravos*, que dará os maiores elementos de coesão ao *nacionalismo criollo*, o qual poderá, em seguida, atingir o ponto mais alto de sua estruturação como discurso crítico.[93]

Por outro lado, no caso dos ilustrados dos finais do século XVIII, pode-se determinar com precisão que o termo *colônia* não foi utilizado de *forma corrente*. Ele não aparece, por exemplo, senão como exceção e em um sentido diferente no *Papel Periódico de Santafé de Bogotá*, em finais do século XVIII, e quando aparece, como em alguns textos daqueles aos quais se designa com certa ligeireza como *economistas coloniais* (como no caso de José Inácio de Pombo, que, efetivamente, usou a palavra *colônia* e talvez a expressão s*istema colonial*), o sentido é completamente diferente e a avaliação política que inclui não coincide em nada com a que encontraremos desde bem cedo no século XIX, mas já depois de 1808, na época do *patriotismo ferido* e do posterior avanço na luta pela independência, e mais tarde pela revolução. Essa avaliação posterior surge em um processo que não se encadeia de maneira direta com nenhum tipo de *causas sociais e econômicas* objetivas – anteriormente elaboradas em termos subjetivos como *motivos de rebelião* –, mas que corresponde de maneira estrita a uma descoberta de possibilidades de liberdade moderna realizada no próprio âmbito do acontecimento (a invasão napoleônica) e havendo passado

---

[93] Cf. a observação de John H. Elliott (2006, p. 431-475).

ao centro das preocupações dos *homens de letras* e da nascente *opinião pública moderna* a pergunta pela condução da sociedade, quando seu tradicional ponto de articulação central – o rei – não se encontrava, mas não por morte – algo já considerado pela teologia política e o direito – nem por idade, nem por interdição... mas sim por deposição de uma *potência estrangeira*.[94]

É preciso assinalar, para não simplificar as coisas e favorecer a própria argumentação, que existe, desde 1796, algum eco precoce da palavra *colônia* e da expressão *sistema colonial* em textos de Antonio Nariño, quando aborda o problema das reformas administrativas do Reino, mas não existe a figura chamada depois de *despotismo colonial*. Não há nem insinuação a respeito no jovem cientista ilustrado Francisco José de Caldas, que escreve de maneira muito precoce (1801) no *Correo Curioso* sobre o problema que nós chamaríamos de divisão internacional do trabalho. Não existe, tampouco, vestígio dessa linguagem ou dessa orientação no *Semanario del Nuevo Reino de Granada*, a revista científica dirigida em princípios do século XIX pelo mencionado Francisco José Caldas. E a suspeita de que a causa disso fosse o medo da censura parece exagerada e sem provas, aplicada a quem foi um leitor constante da *Politique tirée de l'écriture sainte* do bispo Bossuet, um fiel monarquista e um personagem a quem a irrupção da política moderna arrastou contra sua vontade de ciência e estudo ao torvelinho da luta independentista e à morte.[95]

É claro que a ideia se encontra explícita e de modo precoce em um aventureiro e conspirador internacional como Francisco Miranda, que participa de outro contexto intelectual e tomou a expressão da crítica inglesa e francesa da monarquia espanhola, mas sempre depois de 1795.[96] Possivelmente o ilustrado e aventureiro neogranadino, tão desconhecido, Pedro Fermín de Vargas, aderiu imediatamente a esse ponto de vista no início de suas aventuras viageiras pela Europa, mas

---

[94] Como se sabe, essa interpretação, a qual não há nenhuma necessidade de santificar e cuja apresentação e discussão ocorreu há um certo número de anos, corresponde a François-Xavier Guerra e a seus discípulos. Para sua primeira formulação explícita, cf. Guerra (1992).

[95] Cf., a respeito, algumas observações preliminares sobre Francisco José de Caldas, a política e a revolução em Renán Silva (2005).

[96] Cf., a respeito, Francisco de Miranda (2004).

não se pode assegurar nada a respeito enquanto a investigação sobre a vida e as ações de Vargas não emita algum resultado significativo.

A palavra, depois tão repetida e assumida por inteiro pela historiografia colombiana dos séculos XIX e XX, tem, pois, uma longa história na qual se ressaltam duas coisas. Primeiro, que, como instrumento de crítica e caracterização de um tipo de sociedade e de relação política, foi, antes de tudo, uma criação precoce das potenciais rivais da Espanha – Inglaterra e França – em sua luta pela hegemonia em várias partes dos continentes nos quais tinham interesses precisamente colonialistas e, portanto, uma necessidade urgente de desprestigiar seu rival. Segundo, que se trata de um vocábulo de uso econômico e político utilizado por alguns dos ilustrados de finais do século XVIII de maneira mais propriamente excepcional e que só começou a se utilizar de forma sistemática depois de 1808 por parte dos patriotas e republicanos hispano-americanos, quando quiseram caracterizar a sociedade contra a qual se levantavam e sobre cuja existência histórica haviam modificado radicalmente sua percepção, com uma velocidade que impressiona, no momento em que começou a crise da monarquia espanhola, depois da invasão de Bonaparte ao território espanhol.[97]

O que se ressalta, então, é o fato de que não foi nunca uma palavra utilizada de maneira habitual pelos neogranadinos (e hispano-americanos) durante os três séculos de existência dessa particular formação social que parece às vezes tão difícil de definir e que havia crescido ao amparo do despojo indígena, do trabalho escravo dos negros, da mestiçagem, da criação de novas e originais instituições sociais, no âmbito de uma monarquia que, em grande parte, *se construiu também em sua experiência americana*. Tratou-se, sobretudo, como indicamos, de uma criação e uma colocação em circulação dos revolucionários aspirantes ao poder na primeira metade do século XIX.[98]

---

[97] Para o âmbito geral de interpretação, cf. Antonio Annino; François Xavier Guerra (2003).

[98] Em termos historiográficos atuais, seria preciso levar em conta, além do mais, que a concepção de *colônia* e de *fato colonial* supõe uma homogeneização grande de situações e tempos que são variados e heterogêneos, e que carrega a ideia de que as *sociedades coloniais*, com instituições comuns derivadas de sua pertinência à monarquia hispânica, conheceram uma mesma forma de relação com os poderes dessa monarquia, tanto os existentes no centro da monarquia, quanto os estabelecidos localmente. Para se aventurar no vasto mundo das extremamente diversas "situações coloniais" em finais do século XVIII, cf. David Armitage; Sanjay Subrahmanyam (2010).

Não é, de modo algum, então, uma palavra de época, se por *época* entendemos esse longo período que vai desde a chegada de Colombo e os começos da ocupação até o processo de decomposição do império e do surgimento das novas nações que formarão mais tarde a chamada América Latina. No campo da análise historiográfica dos séculos XIX e XX, a palavra *colônia* foi, entes de tudo, uma imposição a essa sociedade de uma linguagem e a colocação em cena de uma palavra na qual os habitantes dessa sociedade não tinham se reconhecido, possivelmente com exceção de alguns membros de sua última geração intelectual. Trata-se, pois, de um vocábulo incorporado tardiamente – no século XIX – para caracterizar o velho domínio contra o qual se lutava, e que foi tomado, antes de tudo, da crítica ilustrada europeia – francesa, inglesa e holandesa – para as formas de dominação espanhola, uma dominação que, com algumas mudanças, também era exercida pelas potências imperiais de onde provinham os críticos da Espanha.

O problema é de interesse para nossa análise, pois, na medida em que introduzimos esse vocábulo (no mais, sem grande discussão e sem apresentar possíveis equívocos e algumas alternativas de outros usos e de outras palavras que pudessem dar melhor conta do que se quer expressar), uma conceituação política, econômica e cultural alheia a essa sociedade começa a se apoderar da interpretação e, em grande medida, a desnaturalizar a sociedade que em princípio se queria compreender. Haveria, então, necessidade de estudar para a palavra, como substantivo e como qualificativo, sua gênese no espaço europeu dos enfrentamentos imperiais em finais do século XVIII e a forma como foi se estendendo pelo continente hoje chamado sul-americano, até chegar a ser, mais ou menos na terceira década do século XIX, em um novo contexto, uma das palavras distintivas com a qual se queria caracterizar a nova representação que os então denominados *criollos* se faziam da relação entre a monarquia hispânica e seus reinos de ultramar, agora designados de maneira socialmente ampla como *colônias*, que sofriam a *colonização* e o *despotismo*.

Mas para poder captar seu significado recente na América Latina, ao amparo das interpretações pós-modernas, há um novo problema de interpretação que deve ser apresentado e que tem a ver com a forma como na academia norte-americana foi assimilada a análise que uma geração de historiadores e antropólogos da Índia havia feito de sua própria experiência colonial. Trata-se de uma análise que depois foi exportada para outras latitudes, com um trabalho de estilização no qual fica apagada a origem das nações e seus contextos iniciais de circulação, constituindo em universais formulações que perdem sua inteligibilidade quando são separadas de seus laboratórios de formação.[99]

Ocorre que uma recepção favorável desse tipo de interpretação nos Estados Unidos, no âmbito dos chamados *estudos subalternos*, significou que no ensino de graduados, e na própria indústria editorial universitária norte-americana, essa forma de apresentar os problemas tenha se constituído, por certo número de anos, na corrente dominante na interpretação de um abstrato *fato colonial*. Isso se traduziu em seguida na sua assimilação aos problemas de interpretação da história das sociedades latino-americanas, com efeitos que são mais que discutíveis.[100]

É importante prestar atenção à forma como se produz o traslado e a recepção de um grupo de noções que expressavam de maneira direta a realidade da Índia aos estudos culturais nos Estados Unidos, e a como logo se produziu o processo de assimilação dessas noções como perspectiva explicativa do mundo latino-americano dos séculos XVI ao XIX, por parte dos graduados latino-americanos e dos especialistas norte-americanos sobre essas sociedades, cuja opinião conta tanto para avaliar o que se faz e o que se escreve na América Latina.

Haveria muito mais a dizer sobre essa exportação por meio dos chamados *estudos subalternos* de noções sobre cuja pertinência a seu campo original de aplicação não podemos fazer nenhuma observação

---

[99] Pierre Bourdieu insistiu em repetidas oportunidades nos efeitos de dominação intelectual que se concretizavam nas formas sem crítica de recepção das teorias sociais e na operação de descontextualização das teorias, por meio das quais (sem grande consciência dos sujeitos implicados nesse trânsito) se trasladavam as noções da ciência social de um *polo cultural dominante* a um *polo cultural dominado*, ou seja, nesse caso, a um sistema cultural universitário com muito poucas oportunidades de recepção crítica de tais noções. E isso ainda – ou sobretudo? – no caso de teorias que se apresentavam como o *próprio princípio da liberação e da ciência crítica*, como ocorre com a maior parte da retórica pós-moderna. Cf., por exemplo, nesta direção, Pierre Bourdieu (1999, p. 159-170).

[100] Não me restam maiores dúvidas de que, abandonando um pouco a já demasiada repetida versão professoral do *orientalismo* de Edward Said, a novidade da interpretação que vinha da Índia satisfez os desejos de renovação docente desses anos, embora sua extensão abusiva tenha desnaturalizado o contexto de formação dessa interpretação. Sobre as limitações da interpretação "subalternista" para o caso da Índia, cf. Amartya Sen (2007).

concludente, por falta de competência. Quer dizer, não expressamos nenhuma dúvida maior – embora sim, certo ceticismo inicial – quando se aplicam à sociedade da Índia sob a dominação britânica, e outras dominações. Porém, não lhe outorgamos nenhum crédito em sua aplicação mecânica posterior à América Espanhola e a seu século XIX, pois são noções que parecem se constituir de saída em um princípio de distorção dos fatos da vida social, política e cultural desses territórios, um contexto radicalmente diferente, um contexto que nem sob a forma de um raciocínio analógico inicial pode ser comparável com as formas e efeitos da presença dos ingleses nos territórios da Índia.

Parece-me que, inclusive, produziram danos maiores na análise da América Espanhola dos séculos XVI ao XIX as noções de *sujeito colonial* e *sujeito pós-colonial*, que terminaram produzindo uma simplificação maior no campo da análise das estruturas sociais dessa época, se se tem em conta que elas, como parece bem estabelecido, expressavam e recolhiam uma *estrutura barroca de ordens e gradações* que parecem dificilmente encontrar um lugar na forma simplificada de *sujeito*, que, apesar dos vaivéns da noção, segundo os autores, parece recordar os usos habituais, para os séculos XIX e XX, da palavra *povo* sem diferenciar entre suas acepções políticas, sociológicas ou demográficas. A crítica dessas simplificações rápidas foi feita várias vezes por analistas sociais dos mais distintos campos e contextos, e encontrou uma formulação muito adequada na crítica da noção de *povo* entre os representantes dos *partidos democratas*, nas análises de Marx no *El dieciocho Brumario de Luis Bonaparte*. A crítica voltou a ser apresentada há pouco por Georges Didi-Huberman, em sua breve mas eficaz crítica dos usos de *povo* em alguns trabalhos de Pierre Rosanvallon.[101]

Há muitos outros exemplos que se pode oferecer, mas não é o momento de nos estendermos. Digamos somente, para fechar esse ponto, que a introdução de certo vocábulo rarefaz nossa compreensão da própria vida política dessa sociedade, pois, de fato, o elemento estruturador do que nessa sociedade pode ser chamado de a *política* (quer dizer a monarquia) corre o risco de ficar extraviado ou de ser examinado como um elemento puramente externo à sociedade. Esta

---

[101]Cf., a respeito, Didi-Huberman (2013).

situação impediria compreender o duplo movimento pelo qual a monarquia ao mesmo tempo construiu a nova sociedade e foi em grande medida construída por essa sociedade americana, a qual agregou novas evoluções a uma construção imperial que, de fato, tinha em sua existência europeia já um *universo humano diverso* que não conseguia submeter – como se observa até o presente.[102]

É preciso acrescentar, com toda precisão, que na América Espanhola a monarquia foi a forma de dominação geral existente na sociedade; a instância de domínio em nome da qual as autoridades tentavam legitimar seus mandatos perante as sociedades nativas, perante as pessoas negras, perante os mestiços e perante os que se designavam como *espanhóis americanos*. A palavra *colônia*, então, em sua simplicidade, se revela não só como um termo imposto sobre essa sociedade, na acepção que se quer dar a ele, como também como uma verdadeira desfiguração de suas relações políticas. A tal ponto que nos impede de formularmos perguntas centrais sobre o monarquismo dos hispano-americanos e seu possível prolongamento em estruturas políticas posteriores, formalmente definidas como liberais, mas que podem haver tomado como matéria concreta, por um certo tempo, um conteúdo monárquico, mesmo que deslocado do ponto de vista da linguagem.[103]

A linguagem é, pois, uma possibilidade e uma dificuldade. Se o passado é um país estranho, como dizíamos no início, a existência de um repertório de palavras formalmente iguais ou similares às que

---

[102]Cf., a respeito, as agudas observações de François-Xavier Guerra sobre a construção da monarquia na América Espanhola que figura como introdução ao capítulo IV: "L'État et les communautés: comment inventer un empire?" na compilação de Serge Gruzinski e Nathan Wachtel (1996, p. 351-364). Um grupo de investigadores cujos trabalhos foram reunidos no volume *Juan de Solórzano y Pereira. Pensar la colonia desde la colonia*, edição de Diana Bonnett e Felipe Castañeda (2006) teve a boa ideia de tratar de se aproximar da sociedade do Novo Reino de Granada em seus próprios termos, tomando como motivo direto uma análise da obra do insigne jurista do título do livro. Mas como indica o subtítulo da compilação, "pensar a colônia a partir da colônia", parece não ter ido muito longe, porque de saída aceitaram a própria forma em que o problema se apresenta, ou seja, que se tratava de uma colônia, o que seria impensável para Solórzano y Pereira.

[103]O grande mérito da obra de María Teresa Calderón e Clément Thibaud (2010) tem a ver, antes de tudo, com o fato de levar a sério a existência de uma cultura política nutrida pelas formas e as imagens da monarquia e mostrar os processos subsequentes de transformação desses elementos em uma direção republicana que combina elementos velhos e novos e sínteses políticas que a princípio seriam difíceis de imaginar em termos de *linguagens* e de *simbologia*.

nós utilizamos, séculos depois de ocorridos os eventos que analisamos, é um fato que pode desorientar nossas análises se não tivermos realizado essa reflexão sobre a linguagem, que é parte constitutiva do trabalho do historiador.

Em certas ocasiões a tarefa é facilitada pela linguagem, e ainda que com pouca sensibilidade, há possibilidades de não se sair mal da dificuldade. Trata-se dos casos nos quais o vocábulo não existe na linguagem atual ou se transformou em um arcaísmo por força da mudança histórica. Qualquer um deve se surpreender normalmente, quando é bom leitor, se em sua documentação aparece a palavra *morrocota* (moeda antiga de ouro e prata e de tamanho grande) ou se fala de *tomines* (moedas de prata usadas em algumas partes da América) ou se encontra o nome de uma velha medida agrária que desconhece por completo. A tarefa se torna um pouco mais difícil quando as palavras são formalmente as mesmas, pois desaparece toda possibilidade de estranhamento, mesmo que o mais espontâneo e ingênuo, e com facilidade pensamos que as realidades que assinalam são integralmente as mesmas ontem e hoje.

Um exemplo relativamente simples do que assinalamos pode ser o da análise do *trabalho assalariado* nas sociedades hispano-americanas do século XV ao XVIII. É claro que a expressão existe para designar um fenômeno laboral, e é claro que uma forma que parece fiel à definição corrente desse fenômeno se encontra presente no âmbito das relações laborais entre espanhóis e as populações conquistadas e os novos grupos mestiços. Muitos trabalhos monográficos, firmemente presos aos dados de arquivo, deram conta dessa realidade. De maneira formal, então, não há equívoco: trata-se do intercâmbio de dinheiro por trabalho, embora comumente a forma *salário* pareça estar sempre rodeada de impurezas do tipo *retribuição em espécie* e, em geral, não parece estar nunca ligada de maneira estrutural a uma economia de tempo.

Contudo, quando se avança um pouco mais além em busca de determinações concretas do processo e da *forma de salário*, as coisas parecem ser mais complexas. Por um lado, não se encontra em parte alguma o que se possa chamar, no sentido de Marx, um *mercado livre*. Por outro lado, as *sujeições extraeconômicas* se encontram presentes. Mas, além disso, a forma simples, *trabalho assalariado*, se encontra incluída em um dispositivo maior que a transfigura e a converte em outra coisa diferente daquela que se anuncia em sua forma externa visível simplificada. Por um lado, então, o contexto geral; por outro lado, a ausência de um mercado generalizado de bens, em uma economia em que as características mercantis não são ainda formas dominantes. Porém, em adição a isso – traços estruturais – se encontra o que está relacionado com a existência dessa forma em um contexto local, cerimonial e ritual, em um âmbito de determinações políticas e religiosas precisas que são as que alimentam e tornam possível a relação, uma relação que, quando se olha com cuidado, começa a se parecer muito pouco com o que os livros de Marx e a teleologia inscrita na própria busca do historiador marxista parecem supor.[104]

Contudo, ainda mais difícil se tornam as coisas quando tratamos de traduzir para nossa linguagem experiências das quais desconhecemos quase tudo, não porque se trate de *alteridades extremas*, mas simplesmente porque se trata de experiências desconhecidas em nossa vida de hoje e sobre as quais treme nossa própria concepção do verossímil. Uma frase simples como "o Rei Nosso Senhor", mil vezes repetida no âmbito da sociedade monárquica colonial dos reinos de ultramar, esconde a maior parte de seu conteúdo político e afetivo, na medida em que somos cidadãos de sociedades democráticas nas quais essa expressão perdeu pelo menos suas mais fortes dependências, em comparação com uma forma de imaginação política que, embora possa mostrar ainda alguns elementos de sobrevivência, em sua maior parte pertence ao *passado*, no pleno sentido da palavra.[105]

Possivelmente, é o campo dos fenômenos religiosos, dos fenômenos da piedade e da fé o que nos deveria deixar mais perplexos.

---

[104]A teleologia ("queremos que todos continuem sendo assalariados para declarar a origem precoce do capitalism" [...] "definimos uma forma passada a partir de seu conteúdo presente, este também simplificado [...]") define para a *epistemologia*: é preciso simplificar a relação, deixar de lado todas as suas particularidades como simples *arandelas históricas* e reduzi-la a seu *núcleo básico*. Não há dúvida de que boa parte do trabalho de história socioeconômica na América Espanhola dos anos 1960 a 1980, a partir de muitos pontos de vista tão renovadores, se encontrava inscrita em uma problemática dessa natureza. Cf., por exemplo, Héctor Pérez Brignoli e Ciro Flamarion Santana Cardoso (1973).

[105]A obra de Ernst Kantorovicz (1998), que gerou e continua gerando tantas controvérsias, não deixa de ser um estímulo maior para pensar as relações políticas nas sociedades nas quais não existem as distinções entre economia e política, e entre teologia e política, tal como nós as conhecemos hoje.

Trata-se do lugar social, da sociabilidade e do tipo de crenças que mais dificilmente podemos compreender, na medida em que em nossas sociedades as formas de divisão do espaço do sagrado e do profano se transformaram em maior grau, ou pelo menos em algum grau, em relação com o que foram sentimentos, respeitos, autoridades, medos... nas sociedades que não se definem como *sociedades modernas*.[106]

Poderíamos acrescentar, então, a seguinte observação: se necessitamos pés de chumbo para interrogar a linguagem – e a realidade prática ali inscrita – de sociedades que no fundo não estão tão afastadas da nossa experiência, como são as designadas *sociedades coloniais*, que mal se inscrevem no processo de expansão do domínio sobre mar e terra das potências europeias maiores a partir do século XV, e sob cuja dinâmica expansiva caíram antigas e importantes civilizações, que foram a partir desse momento incorporadas com força e violência ao *sistema mundo* em formação, de quanto mais firmeza e imaginação controlada necessitaremos para nos aproximarmos desses velhos mundos das sociedades pré-hispânicas sem escrita (ou pelo menos sem escrita alfabética, embora com uma grande riqueza de testemunhos arqueológicos legados à nossa interrogação) que constituem as mais longas idades sociais do território que ocupamos e em cuja investigação a arqueologia e a história têm necessidade de se reunir?[107]

---

[106]Carmen Bernand e Serge Gruzinski (1992) mostraram com grande competência tudo o que se joga no vocabulário com o qual designamos o mundo sagrado das sociedades pré-hispânicas e a forma excessivamente rápida como o vestimos com as noções de nossa própria vida religiosa – a propósito, por exemplo, da *invenção das religiões ameríndias*.

[107]Não me parece atrevida a ideia de que o exame arqueológico e histórico dessas sociedades tenha comportado no passado erros garrafais de interpretação, pela simples dificuldade do empenho de compreensão de sociedades a respeito das quais ignoramos tudo ou quase tudo, e isso apesar dos avanços inegáveis da arqueologia. Parece-me que deve haver alguma relação entre o desconhecimento de um mundo social e a projeção reflexa e impensada sobre esse mundo de nossas formas atuais de vida, anulando, dessa maneira, o que constituem as premissas de um enigma maior, ou seja, que não eram sociedades como as nossas. Para uma referência ilustrativa, *não especializada,* em torno desse problema, cf., por exemplo, as observações que sobre nosso "conhecimento" do mundo dos maias – e algumas das interpretações que se propuseram sobre essa sociedade – faz com bom juízo crítico Enrique Florescano (2009), quando recorda que muitas das interpretações que haviam sido propostas em código de "vida religiosa" foram depois não simplesmente corrigidas, mas radicalmente desmentidas. Os constantes descobrimentos arqueológicos no Peru (waris e mochicas, para mencionar alguns exemplos recentes) pareceram confirmar uma riqueza de civilização a respeito da qual o avanço arqueológico parece marchar com um atraso considerável.

A causa soma, consola, dá prestígio, dá patente de superioridade moral e nos permite ter boa consciência perante o próximo

Consolidei a ideia de que somente um espírito de aventura e um clima de liberdade, de generosidade e de liberalidade, um radical *atrever-se a pensar* – como às vezes se diz – podem nos ajudar a enfrentar esses obstáculos ao pensamento que vimos examinando; sobretudo se se leva em conta o fato de que são obstáculos que se escondem de forma insidiosa nos lugares em que menos se esperaria. Aqui me refiro de maneira particular à forma como o etnocentrismo e o anacronismo se mimetizam – sob seu aparente contrário – na *ideia atual* de *compromisso político* nos planos das ciências e do conhecimento acadêmico, tal como essa ideia voltou a se introduzir nas ciências sociais pelos militantes do gênero, do étnico, das minorias, do *raizal* e *ancestral*, e das alteridades exacerbadas.

Não creio que seja a *simpatia enamorada* por um grupo social determinado o que nos ajude nesse caminho – tampouco a antipatia. Não basta se declarar a favor de alguém ou de algo para produzir o "milagre" de uma boa análise, e, além do mais, se deveria considerar a hipótese de que estar a favor de alguém ou de algo pode se converter em um obstáculo para a análise. De nenhuma maneira é aceitável que se queira substituir uma boa formação profissional nos ofícios das ciências sociais, e em suas correspondentes e difíceis *técnicas de observação*, com o recurso à nova carta branca que cativa a tantos públicos universitários e é centro de atenção da industrial editorial: a *atitude militante e politicamente correta*. Com efeito, esta atitude veio substituir, pelo proselitismo do investigador, a reflexão sobre os problemas complexos da prática profissional nas ciências sociais, tanto no campo da investigação como no da análise, como se as declarações partidaristas que agora não se fazem perante o *partido*, mas sim perante o tribunal imaginário das boas intenções para a reforma do mundo social — fossem suficientes para sair do atoleiro de explicar e compreender esse mundo social, e como se pudessem ser substitutos eficazes da *psicanálise do conhecimento*, entendida como análise da eleição do objeto de estudo por parte do investigador, como reflexão sobre as maneiras de ligação e as formas de transferência entre o sujeito que estuda e os sujeitos estudados — os *objetos* de investigação.[108]

Quando observo, a partir do final do século XX, o regresso de todos os messianismos que acreditava superados, encarnados não já na figura sacrossanta do proletariado nem do campesinato, mas sim na das minorias étnicas ou sexuais, no combate pelas diferenças e alteridades, volto a pensar nas armadilhas que rodeiam a vida acadêmica, na maneira como as formas imaginárias de representação se instalam em um meio social como esse e na forma como estas se entrelaçam na nossa linguagem de acadêmicos, sem que se tenha a menor suspeita de que é o que se joga nessas novas atitudes de compromisso e sem que se tenha, portanto, a menor inquietação por submeter ao exame crítico as próprias eleições políticas que se realizam no campo acadêmico ou os vínculos que possam existir entre essas eleições e as formas imaginárias de se representar o próprio trabalho que se realiza no âmbito acadêmico. Tudo faz com que *uma combinação de silêncio e ignorância se estenda sobre nossa própria atividade*, sobre suas condições estruturais e sobre os efeitos dessas combinações na vida pessoal.

A *crítica social* adquiriu de novo no campo universitário das ciências sociais todo o seu esplendor revolucionário — embora seja, antes

---

[108] Cf. sobre este ponto o velho e instrutivo livro — já mencionado — de Gaston Bachelard (1938). Mas a ideia de Bachelard vai muito mais além daquilo que eu assinalo, pois introduz o tema das *representações primárias afetivas* sobre o mundo físico e social, e o peso dessas representações nos sistemas de explicação que constroem os cientistas. Sobre as técnicas de objetivação do conhecimento e os controles das operações de investigação, cf. de Pierre Bourdieu (2003, p. 281-294), em seu discurso de agradecimento ao receber a máxima distinção da Sociedade Inglesa de Antropologia e onde não só criticou a mitologia da "observação participante", como também apresentou a ideia oposta acerca das condições a que deve ser submetida a observação, para que tenha o mínimo sentido antropológico requerido pelo trabalho da ciência. Cf. sobre esses pontos o comentário preciso de Jacques Bouveresse (2003).

> A CAUSA SOMA, CONSOLA, DÁ PRESTÍGIO, DÁ PATENTE DE SUPERIORIDADE MORAL
> E NOS PERMITE TER BOA CONSCIÊNCIA PERANTE O PRÓXIMO

de tudo, um fato retórico –, mas em seu regresso tem voltado de mãos dadas com um silêncio total sobre as condições da própria atividade crítica, como se o próprio crítico e sua atividade não tivessem, por sua vez, que ser interrogados, razão pela qual se esquece a magnífica asserção de Marx de que "o mestre também necessita ser educado". É um silêncio interessante que permite o trânsito sem problemas por terrenos da velha ilusão universitária de que os compromissos e militâncias nas ciências sociais nada têm a ver com aspirações sociais, com processos de mobilidade social, com as cartas estratégicas que se jogam no âmbito acadêmico das distinções materiais e simbólicas, como se não fossem também uma maneira de se dar um lugar na instituição.[109]

As coisas aparecem um pouco como se se pensasse que a nova prática evangélica da mensagem para a melhora do mundo não participasse das ambiguidades que rodeiam todo trabalho intelectual – uma espécie de trabalho que nas sociedades como a nossa nunca deixou de ser um privilégio social. Elas se passam como se nossa atividade crítica não padecesse das tensões e falsas ilusões das quais parece que não podemos escapar, aqueles de nós que nos dedicamos a assuntos das ciências sociais que em boa medida continuam sendo, antes de tudo, para falar em termos realistas, *bem intencionadas formas de denúncia* – do passado e do presente – um tanto adornadas com algum mínimo expediente demonstrativo, em ocasiões com um pouco de estatística ou de vista ao arquivo, sobretudo passadas por uma ampla retórica formalmente crítica, cujo ponto central se articula em torno de seu próprio qualificativo de *trabalho intelectual acadêmico*.

Trabalho intelectual acadêmico pode ser também um qualificativo discutível se se torna uma figura intelectual que assegura ante os "crentes" que quem fala e escreve está livre de toda suspeita de que em seu juízo possa haver algo que não seja estritamente acadêmico. Isso terminaria confirmando as (falsas) virtudes de total pureza da atividade científica,

---

[109] Cf. Pierre Bourdieu (2008), que continua sendo o clássico na matéria. Mestre da suspeita, Friedrich Nietzsche não deixava de suspeitar dos evangelistas cristãos e de seus evangelhos, continuando uma tradição de pensamento que sabiamente desconfiava das proclamações de desinteresse e de serviços à humanidade. Por isso dizia, referindo-se ao texto bíblico, segundo o comentário sagaz de Sloterdijk (2005, p. 45.), que "Nem sequer a desmitologização nos seria de ajuda alguma para colocá-lo de pé. Demasiado turvas, demasiado suspeitosas e demasiado baixas são as fontes a partir das quais fluem esses discursos tão belos".

uma atividade que só seria, a partir desse ponto de vista, o lugar de manifestação dos valores de entrega, desinteresse material e sacrifício do investigador acadêmico, com o qual se completa o círculo dos benefícios que oferece a *investigação e a escritura militantes*, as quais permitem aos defensores dessa concepção se apresentar ao mesmo tempo como a própria encarnação da *atitude e da prática científica desinteressadas* e a expressão dos mais altos ideais de compromisso social, tudo no âmbito da posição privilegiada que a atividade docente universitária favorece, compatível, além do mais, com qualquer outro projeto de ascensão e mobilidade social.

Creio que o que mais surpreende na forma como o fenômeno do *compromisso* tornou a se apresentar no final do século XX e começo do século XXI e, em grande medida, o que o faz tão pouco suportável, refere-se ao caráter de *simulacro* com o qual o assunto ressuscitou nessa nova versão. Quando me lembro das velhas militâncias das ciências sociais dos anos 1960 e 1970, com as quais estive relacionado e que forjaram, em grande medida, meu pensamento de hoje, recordo que se tratava de pessoas que socialmente arriscavam, que se haviam enchido de um espírito de mudança que ia de Marx a André Breton, passando por Arthur Rimbaud, e que abundava em generosidade e decisão, uma característica que hoje estranho.

Confesso que sou um convencido de que os efeitos dessas formas de fazer e de pensar colocadas em marcha na universidade dos anos 1970 não foram as melhores (na realidade, penso que foram amplamente destrutivas da instituição universitária), e que muitos equívocos se cometeram no campo da vida pública e, sem dúvida, no terreno da vida pessoal, da educação dos filhos e da vida familiar. Porém, creio que há motivos para admirar a decisão e a convicção que animou essas formas de vincular o conhecimento com a aspiração de modificar a vida, pois quem encarnou esses ideais foram pessoas que, ao que parece, haviam assimilado de uma forma intuitiva a ideia de Nietzsche de "querer com todas as suas consequências".[110]

---

[110] Não posso abordar aqui o problema – nem sequer roçá-lo – em toda a sua complexidade, mas não tenho dúvidas de que os efeitos foram potencialmente destrutivos não só no campo do ensino universitário, particularmente no ensino público, mas no próprio campo da sociedade e da atividade política, sobretudo pela forma como se conseguiu colocar para circular alguns dos elementos mais definidos e persistentes de uma crítica radical – às vezes muito inteligente e de muito boa escrita mas sem matizes, sem vacilações, unilateral e incompleta –, como, por

A CAUSA SOMA, CONSOLA, DÁ PRESTÍGIO, DÁ PATENTE DE SUPERIORIDADE MORAL E NOS PERMITE TER BOA CONSCIÊNCIA PERANTE O PRÓXIMO

Não obstante, parece-me que o que hoje se pode observar se inscreve, de preferência, *na retórica de salão de classe e de revista universitária*, e que se relaciona, antes de tudo, com formas de ascensão social, com um discurso de distinção, com uma forma às vezes um pouco extravagante de se dar uma representação na academia, com estratégias de tomada de posição em um campo particular, com projetos que pouco têm a ver com a transformação do mundo, e sim muito a ver com o mundo laboral, com o campo das assessorias públicas e privadas, e inclusive com a urgência de se dar uma identidade com que "aparecer perante o mundo", que é basicamente o de seus estudantes e o de seus pares. Enfim, tenho a impressão de que se trata de um fenômeno que se inscreve antes na participação – às vezes desorientada, às vezes, inteligente – no jogo dos poderes constituídos, do que na crítica radical de uma situação considerada intolerável.

Nada resulta tão ilustrativo a respeito desse paradoxo como a contradição que hoje se observa na vida acadêmica do campo das ciências sociais entre a denúncia radical permanente de todos os males sociais – o racismo, o classismo, o sexismo, o poder indiscutível das elites e em geral o grande fracasso que parece ser a própria história dessas sociedades – e a aceitação, ao mesmo tempo, de todas as instâncias de legitimidade do trabalho intelectual que a instituição acadêmica propõe. De tal maneira, na vida universitária de hoje se pode comprovar o transbordamento sistemático da mais aguda crítica social, que hesita em se incluir em todos os formatos "respeitáveis" que a academia determina, desde a publicação em certo tipo de revistas

---

exemplo, a de Mario Arrubla (1984) em seus *Estudios sobre el subdesarrollo colombiano* (mas entendo que há algumas edições posteriores e certa quantidade de edições piratas), que se erigiu como representação dominante de uma sociedade sem saída e sem esperança, na medida em que todo seu passado se esgotava nas ações de uma minoria seleta de trapaceiros que havia conseguido pela violência impor seus interesses particulares como único horizonte da sociedade. Recordemos simplesmente que, em seus brilhantes *Estudios sobre el subdesarrollo colombiano* – ensaios aos quais a própria globalização deu hoje um novo alento –, Arrubla se perguntava sobre as possibilidades de o capitalismo colombiano conseguir sobreviver pelo menos mais alguns anos. Um pouco depois, em sua "Introducción" à compilação *Colombia hoy* (1978), traspassando todas as fronteiras que os artigos incluídos permitiam, declarava que a sociedade e o capitalismo colombianos eram simplesmente um engano sem esperança em uma sociedade atravessada por uma divisão constitutiva entre a imensa massa de esfarrapados, que formavam o povo paupérrimo, e a sociedade oficial: os ricos, as poucas classes médias existentes e uma imensa massa de pobres não miseráveis que pagavam um pouco de impostos e em forma mínima se reconheciam no Estado.

e de línguas até os próprios estilos que se impõem para o chamado artigo científico, enquanto que a própria organização institucional do trabalho intelectual e suas imposições não são consideradas pela análise, nem sequer sob a suspeita de que algo poderia não estar totalmente bem aí, seja quanto ao conteúdo, seja quanto à forma, seja quanto às formas de avaliação, seja quanto às autoridades encarregadas de fazê-lo.

Tenho a impressão de que a *grande crítica universitária* de nossa época se trata, antes de tudo, de um jogo de sociedade muito bem encarnado nas teorias pós-modernas da história da sociedade, que pode ser descrito com uma palavra que encantava a Friedrich Nietzsche, a palavra filisteu (e "filisteísmo", para descrever a condição geral a que se referia) aqui entendida de forma mais ou menos similar. Ou seja, como uma atitude que, apoiando-se em motivos verdadeiros de crítica do mundo extrai benefícios dessa crítica, ao mesmo tempo em que desconhece as verdadeiras molas que a produzem, o que aumenta a ilusão ingênua sobre o caráter desinteressado de nossas ações. Essa ideia é o maior tesouro dos "intelectuais comprometidos" com o mundo exterior, mas incapazes de colocar em dúvida sua credibilidade e rir, pelo menos de vez em quando, de sua própria posição nesse mundo que criticam.[111]

O que me importa aqui, sobretudo, é sublinhar que essa *militância da simpatia enamorada e aduladora* de certos grupos sociais – neste caso os grupos subalternos aos que se quer liberar ou cuja história, pelo menos, se quer reconstruir – não nos tira do aperto das dificuldades intrínsecas que apresentam as ciências sociais. E não nos exime do trabalho de conversão do olhar que tais ciências reclamam, quando buscamos que essa atividade seja algo mais do que um comentário e uma opinião sem surpresas sobre os aspectos mais óbvios e visíveis da realidade social.[112]

---

[111] As referências de Nietzsche ao conhecimento que se esgota no gesto, ao saber que não se compromete com a vida, que se organiza simplesmente como um comentário que não transforma a vida, e começando pela própria vida, mais além do próprio comentário – o que Nietzsche chamará de *filisteísmo* em alguns de seus textos – podem ser vistas, por exemplo, em Nietzsche (2000, p. 31-34), em especial.

[112] Igual ao que ocorre com boa parte da chamada *história do tempo presente*, a atitude militante se arremessa, literalmente, sobre os objetos sensíveis, imediatos, que quer estudar (hoje as *minorias*, os *excluídos*, os *pobres*, os *dissidentes* de toda índole). São objetos que abraça com desespero, em vez de tomar a distância que ajuda a melhor defini-los como objetos de conhecimento, razão pela qual esquece o fato básico de que, como recorda Descola, "é preciso repetir com força

> A CAUSA SOMA, CONSOLA, DÁ PRESTÍGIO, DÁ PATENTE DE SUPERIORIDADE MORAL
> E NOS PERMITE TER BOA CONSCIÊNCIA PERANTE O PRÓXIMO

Minha consideração não se refere, é claro, a uma condenação dissimulada da atividade política dos acadêmicos, e menos ainda com uma censura a respeito da necessidade de pensar as formas em que a política e o poder determinam muitos dos elementos da vida universitária e de nossa atividade docente e investigativa. De preferência, fazendo eco das posições dos autores como Walter Benjamin, e, sem dúvida, do próprio Marx, quis recordar a forma e a medida em que os imperativos da análise histórica mais elaborada se impõem – ou deveriam se impor – àqueles que agregam à exigência científica o compromisso cívico, na própria ordem interna, de suas buscas investigativas.[113]

O que quis assinalar é que a existência de qualquer classe de compromisso político não pode funcionar como um substituto da formação crítica que a explicação do mundo social requer, e que a análise da sociedade não pode ser confundida com a exibição ostentosa e retórica das próprias preferências, opiniões ou crenças no campo dos "destinos do mundo".

Alguma análise de Friedrich Engels no campo da literatura pode me servir para esclarecer ainda mais minha posição, Em 1885, Minna Kautsky, a mãe do famoso dirigente revolucionário marxista, consultou a Engels, esse ancião venerável que naqueles anos era uma das mais altas autoridades da política revolucionária da época, acerca da novela que havia publicado com o título *Os velhos e os novos*. A senhora Kautsky queria saber se o romance, cujo tema era a vida dos operários austríacos das minas de sal, tinha uma "linha correta" quanto à apresentação da vida dos trabalhadores e se poderia inspirar furores revolucionários nos leitores; em outras palavras, queria saber se seu romance era de tendência revolucionária. Engels lhe contestou com

---

que a verdadeira ciência qualifica ela mesma os fenômenos que estuda, e que é ilusório pensar que a ciência possa responder seriamente a questões que a própria ciência não construiu [...]" Descola (2013, on-line).

[113] Como indica Walter Benjamin, nada mais complexo do que a tarefa de "fazer figurar os povos", ou seja, de dar "uma digna representação aos 'sem nome' da história; uma tarefa que não tem absolutamente nada a ver com a idealização nem com a mitologização nem com a falta de rigor". Citado em Didi-Huberman (2013, p. 88); igualmente, podem ser lidas as páginas que esse autor, no mesmo texto, dedicou à obra de Arlette Farge p. 92-97. Cf., igualmente, Walter Benjamin (2012, p. 397-406). Para saber, em tom de sociologia, as formas dignas de tratamento do sofrimento e a pobreza dos *sem nome*, cf. Pierre Bourdieu (2012). *Cf.*, em relação com este último, Bourdieu (2013).

muita deferência, mas com acidez, sobre a qualidade do romance e sobre a própria ideia de *romance engajado,* e indicou a sua correspondente que talvez fizesse justiça à política, mas não à poética: "Ora, sempre é ruim que o poeta se entusiasme muito com seu próprio herói, e me parece que em certa medida, você caiu nessa armadilha." Em seguida, acrescentou em tom irônico: "A leitura do romance nos revela de onde vem esse defeito. Você sente, provavelmente, a necessidade de tomar partido publicamente neste livro, de proclamar perante o mundo suas opiniões." E em seguida, rematou com um ponto forte sua posição e sua crítica:

> Não sou adversário da poesia engajada como tal. O pai da tragédia, Ésquilo, e o pai da comédia, Aristófanes, foram os dois vigorosamente poetas engajados, o mesmo que Dante e Cervantes, e o que há de melhor em *Intriga e amor* de Schiller é que se trata do primeiro drama alemão engajado [...] Mas creio que o engajamento deve surgir da situação e da ação em si mesmas, sem que esteja explicitamente formulada, e o poeta não está obrigado a dar como certa ao leitor a solução histórica futura dos conflitos sociais que descreve.[114]

Não há nenhum tipo de compromisso – fora do próprio compromisso com o conhecimento – que nos ofereça a garantia de nos liberarmos nem do etnocentrismo nem do anacronismo, nem de nenhuma das outras pragas que assediam nosso trabalho de análise. O "compromisso" não pode se converter em um substituto do acesso difícil às formas de controle racional das práticas de investigação em que declaramos estar empenhados.[115]

Não há nenhuma atitude enamorada ou servil – dois qualificativos tão estranhamente ligados – do objeto que se quer estudar que nos livre dos rigores e das incertezas do trabalho de análise e, portanto, de sua insatisfação, pois a "atitude enamorada" rapidamente se converte, como se sabe, em fonte de adulação que proíbe a libera-

---

[114] Karl Marx; Federico Engels, 1972, p. 147-148.

[115] *La liberté par la connaissance.* Pierre Bourdieu, *1930-2002,* é como se intitula o livro que, sob a direção de Jacques Bouveresse e Daniel Roche, dedicaram seus colegas do Collège de France ao amigo desaparecido.

lidade que se necessita para ver algo em sua existência contraditória, em suas relações múltiplas, em seus interesses e ambições. Isso leva, de maneira inevitável, às conhecidas idealizações que sobre os grupos sociais subalternos produzem os acadêmicos.[116]

Creio, pois, que são outras as vias que é preciso tomar para enfrentar os anacronismos e etnocentrismos que ameaçam nossa reflexão, e que essas vias se relacionam mais com a formação rigorosa nas ciências sociais, com o conhecimento das obras clássicas de nossas disciplinas, com um contrato permanente com a arte e a literatura que potencializam a imaginação histórica, com uma visão humanizada tanto de ganhadores como de perdedores na sociedade, com um desejo de compreender que não se detenha diante de nada do que derrote nossos preconceitos, e com uma observação e uma participação no mundo que vença as barreiras e as fragmentações que a sociedade impõe, em troca de aderir a substitutos do conhecimento esforçado, como são o desdobramento de uma expressiva atitude militante. É uma atitude de compromisso publicamente promovida e a reiteração perante todo próximo indefeso que aceite nos ouvir falar sobre os males que governam o mundo e sobre a receita que temos para melhorá-lo (em princípio, esse público são os estudantes, público cativo por excelência). Tudo isso sob a atitude satisfeita, difícil de reprimir, que confirma a "superioridade moral" e o "ar de distinção", no sentido de Pierre Bourdieu, que se deriva dessa tomada de posição.[117]

Poderia tornar-se certo que, pelo menos hoje, em virtude dos muitos desvios da investigação histórica na Colômbia e de sua tendência ao simplismo e ao juízo unilateral que se escondem detrás das

---

[116] Cf. Jean-Claude Passeron; Claude Grignon (1991).

[117] Os adoradores da causa militante, que incluem como parte de seu trabalho a crítica do objetivismo e dos rigores do trabalho da ciência (em sua opinião, simples consequências da "atitude positivista" do passado, da qual seus críticos não podem se liberar), poderiam considerar com mais detalhe o ensino e o exemplo cívico dos grandes mestres das ciências sociais e da história no século XX, pois encontrariam aí não só a menção de grandes figuras da resistência contra todas as formas de opressão, como a resistência contra o fascismo, mas também o exemplo de obras de história, sociologia e antropologia que foram escritas em campos de concentração, no desterro e sob a ameaça de morte, sem que isso tivesse significado nem a renúncia aos ideais de ciência com pretensões de conhecimento objetivo, nem a renúncia aos ideais da democracia e de uma vida melhor para todos.

grandes palavras como *elite*, *poder*, *exclusão*, nos convenha "um pouco de calma e uma aspirina" como dizia o poeta Fernando Pessoa, e baixar um pouco o tom militante e de apoio às grandes causas, em benefício de uma reflexão mais silenciosa sobre os problemas de análise, da construção conceitual, do trabalho de arquivo, do sem saída a que conduzem os esquemas causais sem matizes – a *elite*, o *poder*, o *império*. Seria conveniente que recordássemos, também, seguramente ao lado das "grandes causas" e das "grandes palavras", as pequenas dificuldades que se devem reconhecer em todo trabalho de investigação e que constituem seu nervo central.[118]

---

[118] Podemos recordar, fora de todo ânimo polêmico, simplesmente como contraponto, a observação de Marx em carta ao cidadão Maurice Lachâtre, que se empenhava, com razão, na difusão de *O capital*: "Na ciência não há calçadas reais, e quem aspira a remontar seus luminosos picos, tem que estar disposto a escalar a montanha por caminhos acidentados". Carta de 28 de março de 1872, em Marx, *O capital*, tomo I.

Conclusão

O ofício de historiador não é uma prática espontânea

Podemos finalizar estas páginas recordando que o repasse de alguns dos principais problemas e obstáculos (conhecidos sob sua própria forma de existência e persistência na reflexão de antropólogos e sociólogos) que deve enfrentar a análise histórica e que consideramos aqui com alguma amplitude só tinha como propósito chamar a atenção sobre um ponto preciso, que considero de importância e que resumirei da seguinte maneira: *a análise histórica não é uma prática espontânea*. Um lema — assim vou designá-lo — que quer sublinhar uma coisa simples mas repleta de consequências sobre o processo de formação de historiadores.[119]

O assunto, simples em aparência e, de certa maneira, óbvio, é que a análise histórica é a *prática de um ofício*, e de um ofício das mais altas exigências intelectuais, que requer um conjunto de conhecimentos especializados e o domínio das teorias, dos conceitos, dos métodos e das técnicas, quase sempre provenientes das outras ciências sociais. É um ofício que supõe, portanto, processos de formação acadêmica que não podem ser suplantados pela atividade militante nem por uma atitude improvisada e aficionada — a do *amateur*, a do erudito local. É uma atitude segundo a qual se pensa que basta *querer* fazer uma análise histórica para que o milagre se produza, o que transmite a imagem de

---

[119] A presente conclusão se inspira no conjunto do texto, mas não menos nos argumentos que sustentou em uma conferência, sem publicar, que sob o título de "O ofício do historiador: saber inconsciente/profissão impensada", li na Associação de Historiadores de Antióquia, em outubro de 2011.

que qualquer um, fora de todo esforço de preparação, pode se dedicar às tarefas de análise histórica, deixando, além disso, semeada a ideia de que *todo relato relacionado com o passado*, sob qualquer propósito e condição, é *uma análise histórica*.[120]

Esse ponto simples e que nenhum praticante de uma disciplina profissional, digamos, a engenharia ou a arquitetura, ou nenhum estudioso de uma ciência, como as matemáticas ou da física, poria em discussão, quer dizer, a necessidade de uma certa formação profissional para exercer essas práticas técnicas ou refletir sobre esses domínios de conhecimento citados, não resulta de tão fácil aceitação no campo da análise histórica. Segundo uma concepção amplamente estendida, mesmo entre pessoas de cultura, só basta saber de algo para poder fazer a história desse algo, de tal maneira que, se sou músico e me sobra um pouco de tempo, posso empenhar-me em escrever uma história da música, já que no fundo se trata simplesmente de organizar de maneira cronológica um conjunto de fatos e narrá-los de forma sucessiva e ordenada, colocando em primeiro plano este ou aquele personagem que foi, ao que parece, a figura visível e destacada dessa evolução que se quer mostrar.[121]

Se sou médico, me sinto facilmente autorizado para fazer a história da medicina, ou pelo menos para reconstruir alguns de seus capítulos. O mesmo se sou biólogo ou especialista na construção de barcos. Mas se um historiador quisesse nos falar sobre o câncer, enquanto historiador, todos estaríamos com justa razão dispostos a

---

[120] Sobre as singularidades e requisitos da análise que põem em ação as ciências históricas, e todas as chamadas ciências sociais ou ciências humanas são *ciências históricas* a partir do ponto de vista da provisionalidade de seus resultados e da inevitável pressão que os contextos espaciotemporais exercem sobre elas e que as relativiza ainda mais do ponto de vista de seus resultados e seus *métodos*, cf. Jean-Claude Passeron (2011), um dos livros que melhor ilustra a especificidade das ciências humanas e, ao mesmo tempo, a relação com a atividade de ciência em general. Cf., em particular, "Defensa de las ciencias históricas consideradas como ciencia", p. 71-106.

[121] A menção da história da música não é inocente. Trata-se de um dos domínios nos quais de maneira mais visível a ideia de *história problema* e a incorporação de métodos de análise vindos dos mais diferentes campos conseguiu resultados surpreendentes em culturas historiográficas muito diversas. *Cf.*, por exemplo, Esteban Buch (2006); e mais recentemente, Buch (2013). A ascensão foi simultânea na historiografia da América Latina. Na Colômbia, a maior parte dos historiadores de profissão permaneceu surda (será que não lhes interessa a música!) à grande mudança historiográfica que tem se produzido neste terreno. Assinalemos somente como exemplo, dentro de uma ampla corrente de inovação, um só dos valiosos trabalhos de Egberto Bermúdez (2000).

lhe exigir que tivesse conhecimentos sobre essa terrível doença, antes de pensar em escrever sobre ela, pois não é conveniente tentar fazer a história de um objeto que apenas se compreenda ou não se compreenda em absoluto. E se esse mesmo historiador quisesse nos falar sobre a bomba atômica, nós lhe apresentaríamos exigências similares no campo da física, da química e das matemáticas.

Mas esse tipo de exigências parece desaparecer quando o praticante de algum ofício ou conhecimento determinado decide se sentar e escrever sobre a história de um objeto determinado que desperta sua curiosidade ou que pertence ao campo de sua experiência ou de sua atividade laboral, pois então se considera suficiente que o aspirante a traçar a história desse objeto saiba algo sobre o tema, embora ignore tudo acerca dos métodos especializados do trabalho em história e das formas de construção dos problemas históricos de investigação. Isso ocorre precisamente porque se difundiu a ideia de que o ofício de historiador é um *ofício espontâneo* e que só basta a vontade de relatar para que o milagre se produza.

Estou certo de que nenhum antropólogo se consagrará a uma prática cega quando realiza seu trabalho de campo. Tratará de conhecer as experiências e os ensinamentos de outros viajantes, e antes de se lançar à sua própria aventura, quererá saber como foi ela para Malinowski em Papua Guiné vivendo entre os trobriandeses, ou como foi a experiência de Lévi-Strauss em sua aventura brasileira entre os nhambiquaras... Mas quando se trata de fazer investigação histórica parece que todos esses requerimentos de ciência e preparação técnica desaparecem, e a ideia de que se trata de uma prática espontânea que não requer mais que um interesse pelas curiosidades e antiguidades volta a se impor como forma dominante do exercício da história em uma sociedade.[122]

Talvez, o máximo a que se chega é fazer ao historiador requerimentos no plano da teoria social, e se reclama dele, então, algum

---

[122]Certamente é preciso ter em mente a figura contrária, igualmente perversa: a do historiador a quem os saberes específicos que demandam um objeto determinado de investigação o têm sem maiores cuidados, sob a suposição de que sua qualidade de historiador (a que sempre haveria de renovar mediante a análise e não fazer coincidir com o fato de haver cursado uma carreira universitária) o habilita para falar de qualquer objeto, de que regularmente desconhece todas sus particularidades.

conhecimento das teorias sociais em voga em um determinado momento, segundo preferências mais propriamente caprichosas, muitas vezes marcadas pelo ritmo das modas ou das novidades de livraria. Também pode ser que, mais que a "abstrata" teoria social, se tome um caminho de lhe demandar alguma informação sobre o passado da historiografia ocidental ou de determinado país ou período, o que quase sempre anula o sentido investigativo de conhecer as realizações historiográficas do passado, já que a forma de ensino regularmente mata as relações desse passado historiográfico com a atualidade, ignora em geral as condições políticas e intelectuais que funcionaram como contexto regulador desses pontos de vista historiográficos e termina fazendo das historiografias de ontem ou bem um antecedente do que hoje se supõe que fazemos, ou bem um ponto de vista superado pela historiografia de hoje, supostamente constituída em ciência. Desse modo, a isso se soma o fato de que tal aproximação não se faz por meio da leitura de pelo menos algumas das obras representativas dessa historiografia que se comenta, mas com o recurso à *história de manual*, embora se trate de um manual encoberto, como no caso tão popular na Colômbia do livro de Peter Burke sobre a revolução historiográfica francesa.[123]

É preciso indicar que na maior parte das vezes esses requerimentos de "teoria social" que se fazem ao historiador, e que este se esforça por cumprir, resultam em geral inúteis, pois no ensino das ciências sociais continua reinando a confusão entre a teoria social, como teoria sobre o funcionamento das sociedades e como epistemologia diferenciada sobre as formas de conhecimento do social e as teorias sobre o destino da sociedade, essas grandes "teodiceias" sobre a evolução das estruturas sociais, essas construções de suposto alcance universal sobre o possível destino da evolução humana, que são inúteis para a investigação e que são as que regularmente se colocam sob consideração do historiador. Com efeito, tais construções deixam de lado tudo aquilo que na teoria social caminha em direção a como enfrentar de maneira crítica e adequada um *objeto de investigação*. Por exemplo, quando se está diante de uns documentos num arquivo, diante de uns livros de biblioteca transformados em fontes primárias, diante

---

[123] Cf. Peter Burke (2010). Para evitar equívocos, este comentário não subtrai nenhuma importância ao trabalho histórico do eminente professor Burke.

de dados de uma enquete, diante de uma vultosa correspondência entre dois chefes militares de regiões distantes ou diante de informes de um etnógrafo que há certo tempo esteve vivendo e investigando sobre esses ou aqueles povoadores, que são os momentos em que, de maneira prática, é preciso fazer caminhar isso que se chama uma teoria sobre o funcionamento da sociedade.[124]

Mas nenhum desses conhecimentos – em geral um pouco livrescos – salvará o historiador dos problemas centrais de seu ofício, ainda que estes tenham a forma direta de problemas conceituais, como os que enfrentam quando deve construir um objeto de investigação, ou que lhe apareçam de maneira direta como problemas encontrados no trabalho de arquivo (por exemplo, a combinação entre categorias de época e categorias conceituais quando estuda um sistema de estratificação social do passado), ou bem se apresentem sob a combinação de dificuldades ao mesmo tempo teóricas e práticas, como se manifestam – ou *deveriam* se manifestar – de maneira corrente os problemas realmente importantes das ciências sociais e históricas. Isso, segundo a grande lição de ciência social que em meados do século XX, e em resposta à "grande teoria" de Talcott Parsons, nos deixou Charles Wright Mills nessa mostra magnífica de sabedoria e humor sociológicos que constitui *A imaginação sociológica*.[125]

No caso específico da análise histórica, parte da dificuldade consiste em que não há nada que em propriedade possa se chamar de *método histórico*, mais além do que herdamos da prática filológica de leitura de textos, tal como foi iniciada por Lorenzo Valla em sua discussão sobre a doação de Constantino no século XV e como foi

---

[124] As distinções-chave, porém regularmente ignoradas, entre teorias da sociedade – quase sempre formas retóricas e especulativas que podem ser designadas como *teodiceias* – e teorias sobre o conhecimento das sociedades (o que em termos pedagógicos Howard Becker chama de *as formas de falar sobre a sociedade*) se encontram expostas de maneira ampla e fundamentada nas obras de Pierre Bourdieu. Cf., por exemplo, Pierre Bourdieu; Jean-Claude Passeron; Jean-Claude Chamboredon (2010). Podemos oferecer ao leitor um exemplo desta distinção – que não reenvia simplesmente a problemas de metodologia, como às vezes se crê – recordando a diferença específica existente entre obras como a *Contribuição à crítica da economia política* de Marx [1857], *O suicídio* de Émile Durkheim [1897], ou *O senso prático* de Pierre Bourdieu [1980], por um lado, e por outro lado qualquer das numerosas e reiterativas obras de Zygmunt Bauman sobre a *sociedade líquida*, a pós-modernidade, a dificuldade de viver juntos, o indivíduo perdido no todo e ocorrências similares.

[125] Charles Wright Mills (2000).

continuada pelos monges de convento que nos séculos XVI e XVII se especializaram na transcrição de velhos pergaminhos, na colocação em andamento das técnicas que permitiam estabelecer a distinção entre os documentos falsos e os autênticos – uma distinção por demais relativizada na historiografia de hoje, que não deixaria de reconhecer a importância do documento falso – e em um saber técnico erudito acerca do tipo de letras e formas de escrita de diferentes épocas. Um saber relacionado com o problema da "autenticidade" e da busca do anacronismo como base para estabelecer as condições de verdade de um determinado documento, tal e qual tudo isso aparece refletido em uma obra como a de Jean Mabillon.[126]

O que é preciso reconhecer, sobretudo, é que os métodos com que trabalham os historiadores – quando trabalham com algum que não seja o sentido comum e a ordenação cronológica do material de arquivo – dependem quase totalmente das ciências sociais, e é nessa oficina de elaboração onde é preciso ir buscá-los para se apresentar, em seguida, o problema de suas modificações em função de nossos próprios problemas. Sem dúvida, é preciso advertir que tais problemas de método aparecem também, sob formas implícitas e desprovidas, afortunadamente, da retórica tradicional em que são envolvidos pelas ciências sociais, nos grandes clássicos da história; embora apareçam, e é algo que nem sempre se informa com força suficiente ao estudante de história, *em uso, em estado prático*, ao serviço do estudo de um problema de investigação particular e não sob a forma abstrata.[127]

Este é *um* dos nossos dramas como historiadores. Devemos lutar em uma frente dupla. Primeiro para conseguir que nossos trabalhos in-

---

[126]Cf. sobre esses pontos Jean Mabillon (2011) – Clássicos latinos medievais e renascentistas – Um comentário sobre o texto de Valla em Carlo Ginzburg, "Lorenzo Valla et la donation de Constantin" ["De falso credita et ementita Constantini donatione". 1440 -c-], aparece em *Rapports de force*, p. 57-70. Cf. também Jean Mabillon (1990); e como antecedente importante deveria ser citado Jean Bodin (1941).

[127]Todavia, seria preciso dizer que, avançando mais além do inevitável e essencial problema das fontes, alguns clássicos da análise histórica foram *mestres do método* de maneira explícita. Tome-se, por exemplo, o caso de Lucien Febvre, e não só em suas centenas de resenhas de *Annales* e de *Combates pela história* [1952], mas em obras magistrais como *O problema da incredulidade no século XVI* [1942], onde explicitamente abordou o problema do método, no âmbito da análise do problema das relações entre *indivíduo* e *sociedade*, os problemas das sociabilidades intelectuais e os limites sociais e culturais da ação social.

teressem a alguém mais do que a algum de nossos colegas, empenho no qual em geral saímos derrotados. Segundo, devemos lutar para impor uma representação de nosso ofício que impeça que ele seja anulado ao considerá-lo sob a imagem de um ofício espontâneo que não necessita e talvez não mereça nenhuma preparação especial; com o que se apaga um dos aspectos essenciais de nossa relação com as ciências sociais e se termina diluindo o problema dos *recursos do método* do historiador na consideração das fontes com as quais trabalhará, o que conduz a que nada seja dito, mais além do inventário ou da localização, sobre as "técnicas" de transformação disso que, em princípio, não é mais do que uma matéria-prima, ou seja, o lugar onde se iniciam alguns dos mais complexos problemas que o historiador deve enfrentar.[128]

Possivelmente, contudo, sejamos nós os que nos dedicamos ao ofício da investigação histórica, em parte, os responsáveis por uma representação dessa natureza se haver imposto em relação ao nosso trabalho. Não só porque em geral suplantamos o problema das exigências do ofício pelo conhecimento de uma ou outra teoria sobre a sociedade, mas porque, ao mesmo tempo, terminamos por reduzir o problema das teorias, dos métodos e das técnicas ao "assunto das fontes", apesar de não vistas como trabalho de elaboração de uma matéria documental que se submete ao instrumental das ciências sociais, mas sim como localização no arquivo de um corpo documental, a cujos braços e carícias o historiador se entrega em seguida, da maneira mais passiva que se possa imaginar.[129]

Este ponto que acabamos de mencionar parece corresponder com a ausência de uma pergunta que pouco se formula: o que é exatamente

---

[128] Sobre o caráter de interpretação previamente existente que cobre toda a fonte e, portanto, a necessidade do recurso à crítica como primeiro movimento do pensamento na análise histórica, cf. Michel Foucault (2001, p. 592-607), onde demonstra de maneira soberba que no ponto de partida há sempre, nesses três autores, uma crítica sem contemplações de toda consideração positivista do *fato*, quer se trate da moral, do trauma ou da noção de *valor*.

[129] Detrás da passividade que segue a letra das fontes sem apresentar-lhes nenhuma pergunta, encontra-se o que constitui em grande medida o *sentido comum prático dos historiadores*, que me parece que em geral corresponde ao que se pode designar como um *evolucionismo da maturação produzida pela necessidade*. Uma necessidade da economia, da política, do *carro da história*, da indeterminada mudança social, do progresso, da secularização, da providência, da técnica, dos tempos novos e de tantos outros fetiches nunca demonstrados que remetem ao que com tanta exatidão Jean Claude Passeron designou como a *presença oculta de Hegel*, autor que Passeron designa como *o passageiro clandestino* de nossas análises, embora não tenhamos lido o grande filósofo alemão. Cf. Passeron (2011, p. 181-202).

isso que chamamos de uma *análise histórica* e a que nos referimos quando declaramos que algo constitui uma análise de tal natureza? E ainda mais, como diferenciamos esse tipo de análise daqueles outros, pertencentes ao mesmo campo, mas não exatamente coincidentes, que os antropólogos, sociólogos e geógrafos realizam? Não resulta útil sair do apuro invocando a *interdisciplinaridade*, que em geral todos defendemos, embora de maneira mais propriamente retórica, em boa parte dos casos. Este é um ponto que reclama observação justa do que ocorre no campo das ciências sociais e um pouco de sinceridade que rompa com o medo recente de invocar as disciplinas – como se isso constituísse um pecado – depois de um grupo de antropólogos californianos de finais do século XX ter feito um chamado à "indisciplina" e à "reconfiguração dos gêneros".

O chamado era um sintoma da estreiteza universitária, das barreiras entre seus departamentos acadêmicos, do zelo corporativo na defesa de privilégios associados a certas formas de divisão do trabalho intelectual. Não constituiu, no entanto, nem na ocasião, nem agora, nenhuma "revolução epistemológica" – fora de algumas confusões juvenis e de certa perda de rigor na análise – em nome de umas "mesclas disciplinares" que o autorizavam, tudo ou quase tudo, em nome do fim das disciplinas e dos novos estudos culturais.

Em todo caso, o ponto é complexo e não podemos improvisar uma resposta, pelo menos no caso da história como disciplina. Não se pode deixar de observar, no entanto, que, de maneira prática, no campo dos estudos históricos a resposta, quase sempre silenciosa, perpetuou o passado e conduziu a um velho lugar conhecido: se se fala de um problema do passado, para considerá-lo, foram localizados e lidos alguns documentos "históricos", com o fim de observar certa evolução, trata-se de uma análise histórica. Mas por esse caminho não ficava clara a diferença, para dar somente um exemplo, entre análise histórica e crônica histórica; análise histórica e periodismo; ou, para considerar um exemplo de maior dificuldade, entre a análise histórica e as diversas formas de sociologia, economia ou ciência política retrospectivas.

Os documentos acadêmicos ou de opinião pública com que tratamos de ganhar espaço para nosso ofício, saber e profissão insistem sempre na fusão social da história e do historiador, em seu papel a respeito do descobrimento ou redescobrimento da memória dos grupos sociais – uma ideia puramente redutora do que constitui o ofício do historiador e o papel da análise histórica. Porém, esses documentos e argumentações pouco insistem no caráter complexo do ofício, nas dificuldades intrínsecas de seu exercício, na complexidade das operações intelectuais que envolvem, em suma, nos conhecimentos que supõe. Como se o historiador temesse dizer à sociedade que seu trabalho não se esgota simplesmente nos temas da memória. De acordo com o que escrevia há quase um século Norbert Elias:

> Utiliza-se continuamente a palavra "história" para designar tanto aquilo sobre o que se escreve como o próprio escrever. A confusão é grande. À primeira vista a história parece um conceito claro e sem problema, mas ao estudá-la mais cuidadosamente, o indivíduo se dá conta de quantos problemas sem solução se escondem por trás dessa palavra. Aquilo sobre o que se escreve – o objeto de investigação – não é nem falso nem verdadeiro; talvez só possa sê-lo aquilo que se escreve, o resultado do estudo.[130]

---

[130] ELIAS, 2012, p. 25.

Referências

ANNINO, Antonio; GUERRA, François-Xavier (Coords.). *Inventando la nación. Iberoamérica. Siglo XIX.* México: Fondo de Cultura Económica, 2003.

ARMITAGE, David; SUBRAHMANYAM, Sanjay (Eds.) *The Age of Revolutions in Global Context, c. 1760-1840.* Basingstoke: Palgrave MacMillan, 2010.

ARRUBLA, Mario. Introducción. In: *Colombia hoy.* 3. ed. Bogotá: Siglo XXI, 1978. p. 7-14.

ARRUBLA, Mario. *Estudios sobre el subdesarrollo colombiano* [c. 1960] 13. ed. Medellín: La Oveja Negra, 1984.

BACHELARD, Gaston. *La filosofía del no.* Buenos Aires: Amorrortu, 1970. [Edição brasileira: *A filosofia do não.* São Paulo: Abril Cultural, 1978.]

BACHELARD, Gaston. *La formación del espíritu científico. Contribución a un psicoanálisis del conocimiento objetivo* [1938]. Buenos Aires: Siglo XXI, 2010. [Edição brasileira: *A formação do espírito científico. Contribuição para uma psicanálise do conhecimento.* Rio de Janeiro: Contraponto, 1938.]

BACHELARD, Gaston. *Psicoanálisis del fuego* [1938]. Madrid: Alianza, 1966. [Edição brasileira: *A psicanálise do fogo.* São Paulo: Martins Fontes, 2012.]

BADINTER, Élisabeth. *L'amour en plus. Histoire de l'amour maternel (siècle XVII).* Paris: Flammarion, 1980. [Edição brasileira: *Um amor conquistado: o mito do amor materno.* Rio de Janeiro: Nova Fronteira, 1985.]

BARTHES, Roland. Le discours de l'histoire. *Social Science Information,* v. VI, n. 4, p. 65-75, 1967.

BARTHES, Roland. *Mitologías* [1957]. 10. ed. Buenos Aires: Siglo XXI, 1994. [Edição brasileira: *Mitologias.* 11. ed. Rio de Janeiro: Bertrand Brasil, 2001.]

BAUDRILLARD, Jean. *Crítica de la economía política del signo* [1972]. Buenos Aires: Siglo XXI, 1974. [Edição brasileira: *Para uma crítica da economia política do signo.* Rio de Janeiro: Elfos, 1995.]

BAUDRILLARD, Jean. *El espejo de la producción o la ilusión crítica del materialismo histórico* [1973]. Barcelona: Gedisa, 1980.

BELTING, Hans. *Imagen e culto. Una historia de la imagen anterior a la edad del arte*. Madrid: Akal, 2009.

BENJAMIN, Walter. *Iluminaciones II. Poesía y capitalismo*. Madrid: Taurus, 1980.

BENJAMIN, Walter. Paralipómenos y variantes de las "Tesis sobre el concepto de historia". In: *Escritos franceses* [1991]. Buenos Aires: Amorrortu, 2012. p. 397-406.

BENJAMIN, Walter. París, capital del siglo XIX. In: *El libro de los pasajes*. Madrid: Abada, 2013.

BENJAMIN, Walter. *Tesis sobre la historia y otros fragmentos*. México: Itaca, 2008.

BENVENISTE, Émile. *Problemas de lingüística general (I-II)* [1974]. Buenos Aires: Siglo XXI, 1977. [Edição brasileira: *Problemas de linguística geral (I-II)*. Campinas: Pontes, 2008.]

BERMÚDEZ, Egberto. *Historia de la música en Santafé y Bogotá, 1538-1938*. Bogotá: Fundación de Música, 2000.

BERNAND, Carmen; GRUZINSKI, Serge. *De la idolatría. Una arqueología de las ciencias religiosas* [1988]. México: Fondo de Cultura Económica, 1992.

BLOCH, Mar. *Apología para la historia o el oficio de historiador* [1993] (ed. Étienne Bloch). México: Fondo de Cultura Económica, 2001. [Edição brasileira: *Apologia para a história ou o ofício do historiador*. Rio de Janeiro: Zahar, 2002.]

BODIN, Jean. *Methodus ad facilitem historiarum cognitionem* [1566]. (Ed. Pierre Mesnard). Paris: Les Belles Lettres, 1941.

BOLTANSKI, Lüc. *Puericultura y moral de clase* [1969]. Barcelona: Laia, 1974.

BONNETT, Diana; CASTAÑEDA, Felipe (Eds.). *Juan de Solórzano y Pereira. Pensar la colonia desde la colônia*. Bogotá: Universidad de los Andes/Departamento de Historia, 2006.

BOURDIEU, Pierre. *Argelia 60. Estructuras económicas y estructuras temporales* [1977]. Buenos Aires: Siglo XXI, 2006.

BOURDIEU, Pierre. Critique de la raison théorique [libro 1]. *Le sens pratique*, Paris, Minuit, p. 43-244, 1980.

BOURDIEU, Pierre. *El oficio de científico. Ciencia de la ciencia y reflexividad* [curso do Colégio de França 2000-2001]. Barcelona: Anagrama, 2003.

BOURDIEU, Pierre. *Homo Academicus* [1984]. Buenos Aires: Siglo XXI, 2008.

BOURDIEU, Pierre. La causa de la ciencia: cómo la historia social de las ciencias sociales puede servir al progreso de estas ciencias [1995]. In: *Intelectuales, política y poder*. Buenos Aires: Editorial Universitaria de Buenos Aires, 1999. p. 111-127.

BOURDIEU, Pierre. *La miseria del mundo*. Madrid: Akal, 1999. [Edição brasileira: *A miséria do mundo*. Petrópolis: Vozes, 2012.]

BOURDIEU, Pierre. Las condiciones sociales de la circulación de las ideas [1990]. In: *Intelectuales, política y poder*. Buenos Aires: Editorial Universitaria de Buenos Aires, 1999. p. 159-170.

BOURDIEU, Pierre. *L' insoumission en heritage*. (Dir. Édouard Louis). Paris: Presses Universitaires de France, 2013.

BOURDIEU, Pierre. Participant Objectivation. *The Journal of the Royal Anthropological Institute*, v. 9, n. 2, p. 281-294, jun. 2003.

BOURDIEU, Pierre. *¿Qué significa hablar? Economía de los intercambios lingüísticos* [1985]. Madrid: Akal, 1999. [Edição brasileira: *A economia das trocas linguísticas: o que falar quer dizer*. São Paulo: Ed. da USP, 1998.]

BOURDIEU, Pierre. *Razones prácticas* [1994]. Barcelona: Anagrama, 1997. [Edição brasileira: *Razões práticas*. 6. ed. Campinas: Papirus, 2005.]

BOURDIEU, Pierre; CHARTIER, Roger. *Le sociologue et l'historien* [1988]. Marseille: Banc d'Essais-Agone, 2010. [Edição brasileira: *O sociólogo e o historiador*. Belo Horizonte: Autêntica, 2011.]

BOURDIEU, Pierre; PASSERON, Jean-Claude; CHAMBOREDON, Jean-Claude. *Oficio de sociólogo. Presupuestos epistemológicos* [1973]. 25. reimp. Buenos Aires: Siglo XXI, 2007. [Edição brasileira: *A profissão de sociólogo. Preliminares epistemológicos*. 7. ed. Petrópolis: Vozes, 2010.]

BOUVERESSE, Jacques. *Bourdieu, savant et politique*. Marseille: Agone-Banc d'Essais, 2003.

BOUVERESSE, Jacques. *La connaissance de l'écrivain. Sur la littérature, la verité et la vie*. Marseille: Banc d'Essais-Agone, 2008.

BOUVERESSE, Jacques. *Wittgenstein. La modernidad, el progreso, la decadencia* [2000]. México: Universidad Nacional Autónoma de México, 2006.

BUCH, Esteban. *Du politique en analyse musicale*. Paris: Vrin, 2013.

BUCH, Esteban. *La neuvième de Beethoven. Une histoire politique*. Paris: Gallimard, 1999. [Edição brasileira: *Música e política. A nona de Beethoven*. Bauru: EDUSC, 2013.] BUCH, Esteban. *Le cas Shöenberg*. Paris: Gallimard, 2006. [Edição brasileira: *Le cas Shöenberg*. Paris: Gallimard, 2006.]

BURKE, Peter. *La revolución historiográfica francesa. La escuela de los Annales 1929-1984*. Barcelona: Gedisa, 1994. [Edição brasileira: *A Escola dos Annales (1929-1989): a Revolução Francesa da Historiografia*. São Paulo: Ed. da UNESP, 2010.]

BURROW, John. *Historia de las historias. De Heródoto al siglo XX* [2007]. Barcelona: Crítica, 2009. [Edição brasileira: Uma História das Histórias – de Heródoto e Tucídides ao Século XX. Rio de Janeiro: Record, 2013.]

CALDERÓN, María Teresa; THIBAUD, Clément. *La majestad de los pueblos en la Nueva Granada y Venezuela, 1780-1832*. Bogotá: Universidad Externado de Colombia/ Instituto Francés de Estudios Andinos/Taurus, 2010.

CERTEAU, Michel de. L'opération historiographique [1974]. In: *L'écriture de l'histoire*. Paris: Bibliothèque des Histoires/Nouvelle Revue Française, Gallimard, 1975. p. 63-120.

CHARTIER, Roger. Cultura popular: retorno a un concepto historiográfico. In: *Sociedad y escritura en la Edad Moderna*. México: Instituto Mora, 1995. p. 121-138.

CHARTIER, Roger. Figures rhétoriques et représentations historiques. Quatre questions à Hayden White [1993]. In: *Au bord de la falaise. L'histoire entre certitudes et inquiétudes*. Paris: Albin Michel, 1998. p. 108-123. [Edição brasileira: Figuras retóricas e representações históricas. Quatro questões a Hayden White. In: *À beira da falésia: a história entre certezas e inquietudes*. Porto Alegre: Ed. da UFRGS, 1933].

CHARTIER, Roger. L' histoire entre récit et connaissance [1994]. In: *Au bord de la falaise. L'histoire entre certitudes et inquiétudes*. Paris: Albin Michel, 1998. p. 87-106.

CHARTIER, Roger. Stratégies et tactiques. De Certeau et les "arts de faire". In: *Au bord de la falaise. L'histoire entre certitudes et inquiétudes*. Paris: Albin Michel, 1998. p. 161-172.

CLAVERO, Bartolomé. *La grâce du don. Anthropologie catholique de l'économie moderne*. (Prefácio de Jacques Le Goff). Paris: Albin Michel, 1996.

CLAVERO, Bartolomé. *Razón de Estado, razón de individuo, razón de historia*. Madrid: Centro de Estudios Constitucionales, 1991.

CONDE SILVESTRE, Juan Camilo. *Sociolingüística histórica*. Madrid: Gredos, 2007.

CUSSET, François. *French Theory. Foucault, Derrida, Deleuze & Co*. [2003]. Barcelona: Melusina, 2005.

DELEUZE, Gilles. *Nietzsche y la filosofía* [1967]. Barcelona: Anagrama, 1971.

DESCOLA, Philippe. Apologie des sciences sociales. *La Lettre du Collège de France*, n. 36, p. 26-29, maio 2013.

DESCOLA, Philippe. Apologie des sciences sociales [on line]. In: *laviedesidees.fr*, 9 de abril de 2013. Disponível em: <http://www.laviedesidees.fr/Apologie-des-sciences-sociales.html>. Acesso em: 8 jun. 2015.

DIDI-HUBERMAN, Georges. Rendre sensible. In: BADIOU, Alain *et al*. *Qu'est-ce qu'un people*. Paris: La Fabrique, 2013. p. 77-114.

DROIT, Emmanuel; REICHHERZER, Franz. La fin de l'histoire du temps présent telle que nous l'avons connue. Playdoyer pour l'abandon d'une singularité historiographique. *Vingtième Siècle, Revue d'Histoire*, v. 2, n. 118, p. 121-145, 2013.

DUBY, Georges. *Le dimanche de Bouvines*. Paris: Gallimard, 1973.

DUBY, Georges. Les "jeunes" dans la société aristocratique dans la France du Nord-Ouest au XII siècle [1964]. In: *Féodalité*. Paris: Gallimard-Quarto, 1996. p. 1383-1397.

DUMONT, Louis. *Ensayos sobre el individualismo. Una perspectiva antropológica sobre la sociedad moderna.* Madrid: Alianza, 1987.

ELIAS, Norbert. Introducción: sociología y ciencia de la historia [1933, 1969 para a primeira edição alemã]. In: *La sociedad cortesana* [1982]. 2. ed. México: Fondo de Cultura Económica, 2012. p. 21-58. [Edição brasileira: *A sociedade de corte*. 1. ed. Rio de Janeiro: Zahar, 2001. p. 27-59].

ELIAS, Norbert. La civilización de los padres [1980]. In: *La civilización de los padres y otros ensayos.* Bogotá: Universidad Nacional-Norma, 1998. p. 407-450.

ELIAS, Norbert. *Mi trayectoria intelectual.* Barcelona: Península, 1995.

ELLIOTT, John H. *Imperios del mundo Atlántico. España y Gran Bretaña en América (1492-1830).* Madrid: Taurus, 2006.

FEBVRE, Lucien. *El problema de la incredulidad en el siglo XVI La religión de Rabelais.* México: Unión Tipográfica Editorial Hispano Americana, 1959.

FEBVRE, Lucien. *Vivre l'histoire.* (Ed. Brigitte Mazon, prefácio de Bertrand Müller). Paris: Robert Lafont-Armand Colin, 2009.

FERNÁNDEZ SEBASTIÁN, Javier *Diccionario político y social del mundo iberoamericano. La era de las revoluciones, 1750-1850.* Madrid: Centro de Estudios Políticos y Constitucionales, 2009.

FLORESCANO, Enrique. *El nuevo pasado mexicano* [1991]. México: Cal y Arena, 2009.

FOUCAULT, Michel. Freud, Nietzsche y Marx [1971]. In: *Dits et écrits I. 1954-1975.* Paris: Gallimard, 2001. p. 592-607.

FOUCAULT, Michel. *Historia de la sexualidad 2. El uso de los placeres* [1984]. Buenos Aires: Siglo XXI, 1984. [Edição brasileira: *História da sexualidade 2. O uso dos prazeres.* Rio de Janeiro: Graal, 1984.]

FOUCAULT, Michel. *La arqueología del saber* [1969]. Buenos Aires: Siglo XXI, 1970. [Edição brasileira: *A arqueologia do saber.* Rio de Janeiro: Forense Universitária, 2008.]
FOUCAULT, Michel. *La verdad y las formas jurídicas* [1973/1974]. Barcelona: Paidós, 1980. [Edição brasileira: *A verdade e as formas jurídicas.* Rio de Janeiro: Nau, 2003.]

FOUCAULT, Michel. *Sobre la Ilustración. Clásicos del Pensamiento.* Madrid: Tecnos, 2003.

FURET, François. *L'atelier de l'histoire* [1982]. Paris: Flamarion, 2007.

GARCÍA-ARENAL, Mercedes; WIEGERS, Gerard. *Un hombre en tres mundos. Samuel Pallache, un judío marroquí en la Europa protestante y en la católica.* Madrid: Siglo XXI, 2006.

GENET, Jean-Philippe. *La genèse de l'État moderne. Culture et société politique en Angleterre.* Paris: Presses Universitaires de France, 2003.

GINZBURG, Carlo. *El hilo y las huellas. Lo verdadero, lo falso, lo ficticio* [2006]. Buenos Aires: Fondo de Cultura Económica, 2010. [Edição brasileira: *O Fio e os Rastros – Verdadeiro, Falso, Fictício* [2006 para a edição em italiano]. São Paulo: Companhia das Letras, 2007.]

GINZBURG, Carlo. *History, Rhetoric, and Proof. The Menahem Stern Jerusalem Lectures*. Hanover-Londres: Brandeis University Press-Historical Society of Israel, 1999.

GINZBURG, Carlo. *Rapports de force. Histoire, rhétorique, prevue*. Paris: École des Hautes Études en Sciences Sociales/Gallimard-Seuil, 2000.

GRAFTON, Anthony. *Los orígenes trágicos de la erudición. Breve tratado sobre la nota al pie de página* [1998]. México: Fondo de Cultura Económica, 1998. [Edição brasileira *As origens trágicas da erudição: pequeno tratado sobre a nota de rodapé*. Campinas: Papirus, 1998.]

GRENIER, Jean-Yves. *Histoire de la pensée économique et politique de la France d'Ancient Régime*. Paris: Hachette, 2007.

GRUZINSKI, Serge. *El pensamiento mestizo*. Barcelona: Paidós, 2000.

GUERRA, François-Xavie. L'État et les communautés: comment inventer un empire? In: GRUZINSKI, Serge; WACHTEL, Nathan (Comps.). *Le Nouveau Monde/Mondes Nouveaux. L'expérience américaine*. Paris: École des Hautes Études en Sciences Sociales, 1996. p. 351-364.

GUERRA, François-Xavier. *Modernidad e independencias. Ensayos sobre las revoluciones hispânicas*. Madrid: Mapfre, 1992.

HACKING, Ian. *¿La construcción social de qué?* Barcelona: Paidós, 1991.

HACKING, Ian. *La domesticación del azar. La erosión del determinismo y el nacimiento de las ciencias del caos*. Barcelona: Gedisa, 1991.

HARTOG, François. *Évidence de l'histoire. Ce que voient les historiens* [2005]. Paris: Gallimard, 2007. [Edição brasileira: *Evidência da História. O que os historiadores veem*. Belo Horizonte: Autêntica, 2011.]

HARTOG, François, *Le miroir d'Hérodote. Essai sur la représentation de l'autre* [1980]. Paris: Gallimard, 2001. [Edição brasileira: *O espelho de Heródoto: ensaio sobre a representação do outro* (1980 edição revista). Belo Horizonte: Ed. da UFMG, 2014.]

HIRSCHMAN, Albert. *La morale secrète de l'économiste*. Paris: Les Belles Lettres, 1997. [Edição brasileira: *A moral secreta do economista*. São Paulo: UNESP, 2000.]

HIRSCHMAN, Albert. *Tendencias autosubversivas. Ensayos* [1995]. México: Fondo de Cultura Económica,1996.

HOBSBAWM, Eric. *Historia del siglo XX, 1914-1991* [1994]. Barcelona: Crítica, 1995. [Edição brasileira: *A Era dos Extremos. História Breve do Século XX 1914-1991*. São Paulo: Companhia das Letras, 2008.]

IGGERS, Georg G. *La historiografía del siglo XX. Desde la objetividad científica al desafío postmoderno*. México: Fondo de Cultura Económica, 2012.

JAMESON, Frederic. *El giro cultural. Escritos seleccionados sobre el postmodernismo 1983-1998* [1998]. Buenos Aires: Manantial, 1999.

JARAMILLO URIBE, Jaime. *El pensamiento colombiano en el siglo XIX*. Bogotá: Temis, 1964.

JARAMILLO URIBE, Jaime (Dir.). *Manual de historia de Colombia*. Bogotá: Colcultura, 1978-1980.

KANTOROVICZ, Erns. *Los dos cuerpos del rey. Un estudio de teología política medieval*. Madri: Alianza, 1985. [Edição brasileira: *Os dois corpos do rei. Um estudo de teologia política medieval*. São Paulo: Companhia das Letras, 1998.]

KOSELLECK, Reinhart. *Historias de conceptos. Estudios sobre semántica y pragmática del lenguaje político y social*. Madrid: Trotta, 2012.

KOSÍK, Karel. *Dialéctica de lo concreto* [1963]. México: Grijalbo, 1967. [Edição brasileira: *Dialética do concreto*. Rio de Janeiro: Paz e Terra, 1976.]

LAGROU, Pieter. De l'histoire du temps présent à l'histoire des autres. In: *Vingtième Siècle, Revue d'Histoire*, v. 2, n. 118, p. 101-119, 2013.

LANGEBAEK, Carl H. (Ed.). *El diablo vestido de negro y los cunas del Darién en el siglo XVIII*. Bogotá: Universidad de los Andes/Banco Popular, 2005.

LEMPÉRIÈRE, Annic. El paradigma colonial en la historiografía latinoamericanista. In: CARRILLO, Magaly; VANEGAS, Isidro (Eds.). *La sociedad monárquica en América Hispana*. Bogotá: Plural. p. 15-42.

LEOPARDI, Giacomo. Diálogo entre la moda y la muerte [1824]. (Trad. Carolina Zapata Vidal). *El malpensante* [Bogotá], n. 54, maio-jun. 2004.

LÉVI-STRAUSS, Claude. *Anthropologie structurale* [1958]. Paris: Plon, 1974. [Edição brasileira: *Antropologia estrutural*. São Paulo: Cosac Naify, 2012.]

LOWENTHAL, David. *El pasado es un país extraño* [*The Past is a Foreign Country*, 1985]. Madrid: Akal, 1998.

MABILLON, Jean. *Brèves réflexions sur quelques règles de l'histoire* [c. 1681]. (Prefácio e notas de Blandine Barret-Kriegel). Paris: POL, 1990.

MABILLON, Jean. *Refutación de la donación de Constantino [por] Lorenzo Valla* (Eds. Antoni Biosca e Francisco Sevillano). Madrid: Akal, 2011.

MAIGRET, Éric. Les trois héritages de Michel de Certeau. Un project éclaté d'analyse de la modernité. *Annales, Histoire, Sciences Sociales (hss)*, v. 55, n. 3, maio-jun. 2000, p. 511-549.

MANDELBROT, Benoît. *La geometría fractal de la naturaleza* [1977]. Barcelona: Tusquets, 1997.

MARX, Karl. *El capital. Crítica de la economía política*. 5. reimp. México: Fondo de Cultura Económica, 1972. [Edição brasileira: *O capital. Crítica da economia política*. São Paulo: Civilização Brasileira, 2008.]

MARX, Karl. En torno a la crítica de la filosofía del derecho de Hegel. In: *La sagrada familia y otros escritos filosóficos de la primera época*. 13. ed. México: Grijalbo, 1958. p. 1-15.

MARX, Karl. *Manuscritos económico-filosóficos de 1844*. Madrid: Alianza, 1970.

MARX, Karl; ENGELS, Federico. *Textos sobre la producción artística*. Madri: Alberto Corazón, 1972.

MAUSS, Marcel. *Sociologie et anthropologie* [1950]. Paris: Presses Universitaires de France, 2006. [Edição brasileira: *Sociologia e antropologia*. São Paulo: Cosac Naify, 2011.]

MEYER, Michel (Ed.). *La filosofía anglosajona*. Buenos Aires: Prometeo, 2010.

MICHAUD, Éri. *Histoire de l'art. Une discipline à ses fronteires*. Paris: Hazan, 2005.

MIRANDA, Francisco de. *Francisco de Miranda y la modernidad en América*. (Antologia com estudo introdutório de Michael Zeuske). Madrid: Mapfre, 2004.

NIETZSCHE, Friedrich, *Sobre la utilidad y los perjuicios de la historia para la vida* [c. 1876]. Madrid: EDAF, 2000.

PASSERON, Jean-Claude. *El razonamiento sociológico. El espacio comparativo de las pruebas* [1991-2006]. Madrid: Siglo XXI, 2011.

PASSERON, Jean-Claude; GRIGNON, Claude. *Lo culto y lo popular. Miserabilismo y populismo en sociología y literatura*. Buenos Aires: Nueva Visión, 1991.

PÉREZ BRIGNOLI, Héctor; CARDOSO, Ciro Flamarion Santana. *Historia económica de América Latina*, Barcelona, v. I-II, 1969.

POCOCK, John. Los límites políticos de la economía pré-moderna [1990] In: *Historia e Ilustración. Doce estúdio*. Madrid: Marcial Pons, 2002. p. 339-362.

PUTNAM, Hilary. *El desplome de la dicotomía hecho/valor y otros ensayos* [2002]. Barcelona: Paidós, 2004.

Rasgo dedicado a la ilustre memoria de un célebre literato de nuestro siglo. *Papel Periódico de Santafé de Bogotá*, n. 253, 22 jul. 1796.

RAYNAL, Guillaume Thomas. *Historia filosófica y política de los establecimientos y comercio de los europeos en las Indias*. Ginebra: [s. e.], 1780. [Edição brasileira: *História filosófica e política das possessões e do comércio dos europeus nas duas Índias*. Rio de Janeiro/Brasília: Arquivo Nacional/UNB, 1998.]

RICO DE SOTELO, Carmen (Dir.). *Relecturas de Michel de Certeau (1925-1986)*. México: Asociación de Universidades Confiadas a la Compañía de Jesús en América Latina, 2006.

SCHAUB, Jean-Frédéric. L'histoire coloniale en question. *Annales, Histoire, Sciences Sociales (hss)*, v. 63, n. 3, p. 625-646, maio-jun. 2008.

SEMPAT-ASSADOURIAN, Carlos. *Modos de producción en América Latina*. Córdoba: Cuadernos de Pasado y Presente, 1973.

SEN, Amartya. *India contemporánea. Entre la modernidad y la tradición*. Barcelona: Paidós, 2007.

SHARP, William. *Forsaken but for Golden. An Economy Study of Slavery and Mining in the Colombian Choco* [tesis doctoral]. North Carolina: Chapel Hill, 1970.

SILVA, Renán. Cultura, cambio social y formas de representación. In: CALDERÓN, María Teresa; RESTREPO, Isabela (Eds.). *Colombia, 1910-2010*. Bogotá: Taurus, 2010. p. 277-350.

SILVA, Renán. *Los ilustrados de Nueva Granada, 1760-1808. Genealogía de una comunidad de interpretación*. Bogotá: Banco de la República-Escuela de Administración Finanzas y Tecnología, 2005.

SIRINELLI, Jean-François. Quelques jours en mars. *Le Débat*, v. 2, n. 174, p. 26-29, 2013.

SKINNER, Quentin. La historia de mi historia: una entrevista con Quentin Skinner. In: CRESPO, Enrique Bocardo (Ed.). *El giro contextual. Cinco ensayos de Quentin Skinner y seis comentários*. Madrid: Tecnos, 2007. p. 45-60.

SKINNER, Quentin. Significado y comprensión en la historia de las ideas [1969]. In: *Lenguaje, política e historia*. [Colección Intersecciones]. Buenos Aires: Universidad Nacional de Quilmes, 2007. p. 109-164.

SLOTERDIJK, Peter. *Sobre la mejora de la vida nueva. El quinto "Evangelio" según Nietzsche* [2000]. Madrid: Siruela, 2005.

SUBRAHMANYAM, Sanjay. Par-delà de l'incommensurabilité: pour une histoire connectée des empires aux temps modernes. *Revue d'Histoire Moderne et Contemporaine*, v. 54, n. 4 bis, p. 34-53, 2007.

SUBRAHMANYAM, Sanjay. *Three Ways to Be Alien. Travails and En-counters in the Early Modern World*. Hanover-London: Brandeis University Press-Historical Society of Israel, 2011.

TEJADA, Luis. *Libro de crónicas*. [Selección]. Bogotá: Norma, 1997.

TODOROV, Tzvetan. *La conquista de América y el descubrimiento del otro* [1982]. México: Fondo de Cultura Económica, 1987. [Edição brasileira: *A conquista de América: a questão do outro*. 4. ed. São Paulo: Martins Fontes, 2010.]

VEYNE, Paul. *Le pain et le cirque*. Paris: Seuil, 1976.

WEBER, Max. *La ética protestante y el espíritu del capitalismo*. 17. ed. Barcelona: Península, 1999. [Edição brasileira: *A ética protestante e o espírito do capitalismo*. 2. ed. São Paulo: Thompson Pioneira, 2015.]

WEBER, Max. *La "objetividad" del conocimiento en la ciencia social y la política social.* Madrid: Alianza, 2009. [Edição brasileira: A "objetividade" do conhecimento nas ciências sociais. São Paulo: Ática, 2010, 2013.]

WEBER, Max. *Por qué no se deben hacer juicios de valor en la sociología y la economía.* Madrid: Alianza, 2010. *La minería de aluvión en Colombia* [1952]. Bogotá: Universidad Nacional, 1972.

WEST, Robert. *Las tierras bajas del Pacífico colombiano.* Bogotá: Instituto Colombiano de Antropología e Historia, 2000.

WHITE, Hayden. *Metahistoria. La imaginación histórica en la Europa del siglo XIX* [1973]. México: Fondo de Cultura Económica, 1992. [Edição brasileira: *Meta-história. A imaginação Histórica do Século XIX*. São Paulo: Ed. da USP, 1995.]

WHITE, Hayden. *Ficción histórica, historia ficcional y realidad histórica.* (Seleção, edição e introdução de Verónica Tozzi). Buenos Aires: Prometeo, 2010.

WRIGHT MILLS, Charles. *The Sociological Imagination* [1959]. Edición del 40° aniversario. (Epílogo de Todd Gitlin). Oxford: Oxford University Press, 2000. [Edição brasileira: *A imaginação sociológica*. 4. ed. Rio de Janeiro: Zahar, 1975.]

YOURCENAR, Marguerite. *Memorias de Adriano* [1974]. Barcelona: Edhasa, 1982. [Edição brasileira: *Memórias de Adriano*. Rio de Janeiro: Nova Fronteira, 2005.]

ZELENY, Jindrich. *La estructura lógica de* El capital *de Marx*. Barcelona: Grijalbo, 1974.

ZEMON DAVIS, Natalie. *León el africano. Un viajero entre dos mundos.* Valencia: Publicaciones de la Universidad de Valencia, 2006.

ZEMON DAVIS, Natalie. *Mujeres en los márgenes. Tres vidas del siglo XVII* [1995]. Madrid: Cátedra, 1999. [Edição brasileira: *Nas margens. Mulheres do século XVII*. São Paulo: Companhia das Letras, 1997, 2006.]

Agradecimentos

Este pequeno livro – talvez fosse apropriado utilizar a palavra *folheto* – se deriva, antes de tudo, de minhas reflexões com respeito ao conhecimento acadêmico universitário no campo das ciências humanas em uma época de incerteza e de triunfo do ceticismo, em finais do século XX. Uma situação em parte superada hoje, depois de o dano estar feito e de que os efeitos de inércia tornam mais patética a inexistente a "revolução epistemológica" que nos foi anunciada com tanta ênfase para a época da pós-modernidade.

É preciso dizer que, fiéis a sua tradição de trabalho, enquanto a discussão "teórica" se escaldava e cada dia eram mais numerosas as mudanças conceituais de toda espécie – linguísticas, semióticas, espaciais, visuais –, os bons historiadores no Ocidente – e imagino que em outras partes – não deixaram de produzir obras significativas nem de criar enfoques renovadores a partir da história dos conceitos até as histórias conectadas, passando pelas variadas renovações da história social e política, nem de ampliar a escala ou a profundidade de suas observações. Creio que foi esse esforço o que voltou a salvar a disciplina de uma crise cada dia anunciada, mas, ao que parece, de preferência um produto das estratégias editoriais e de certa desorientação acadêmica. São essas obras novas e essa constante renovação dos estudos históricos as forças que me permitiram manter um otimismo razoável no conhecimento possível da vida social, sem que seja preciso confundir esse otimismo com a ilusão da *onipotência das ideias* de que falava Freud. Esse trabalho deve muito a essas pessoas que foram capazes de fazer durante anos o trânsito permanente entre o arquivo, no sentido empírico e conceitual da expressão, e a abertura cada dia maior a problemas de investigação antes desconhecidos. São pessoas que jamais aceitaram a regra de que "tudo vale" e não deduziram do caráter relativo e sempre inacabado do conhecimento histórico nenhuma razão para se somar às modas estéticas.

De maneira mais direta, estas notas devem muito aos estudantes a quem lecionei nos últimos anos, pois perante eles expus de maneira ampla o que aqui aparece de forma sintética. Hugo Fazio, decano da Faculdade de Ciências Sociais da Universidade dos Andes e que conheceu de maneira acidental a versão original deste texto, me convidou a ampliá-lo e melhorá-lo. Martha Lux, que se ocupa de processos editoriais na Faculdade de Ciências Sociais da Universidade, me animou a continuar o trabalho e levar em conta seu carácter de um *texto em elaboração*. Os dois me ajudaram na sua publicação.

Os conceitos dos leitores anônimos nomeados pela Universidade para a avaliação destas notas me foram de grande utilidade, embora não tenha tomado ao pé da letra suas observações, que percebi, em geral, como acertadas. O professor Marco Palacios, do Colégio do México e da Universidade dos Andes, que gentilmente leu a versão anterior do texto, me animou a melhorá-lo, mas me repreendeu porque em sua opinião o texto tinha um tom marcadamente professoral. A opinião tem muito de certo, e talvez esse tom concretize o fato de que o escrevi pensando nos alunos de história e ciências sociais, o que o associa com uma atividade docente que, em meu caso, ameaça muito em breve passar dos quarenta anos.

Durante a escrita do texto tive muito mais apoios, mas por pertencerem ao campo privado e doméstico é melhor que fiquem na sombra.

Finalmente, quero expressar meus agradecimentos àqueles que Nas Edições Uniandes, e de maneira especial a Adriana Delgado Escrucería, se encarregaram da revisão do texto, do ponto de vista de sua correção gramatical. Suas sugestões permitiram superar alguns problemas da escrita do texto e me recordaram o quanto ainda continuo prisioneiro de um gênero de escrita que não se caracteriza precisamente por sua clareza e consideração pelo leitor.

Agradecimentos

A primeira versão deste trabalho foi apresentada sob o título de "Confissão de parte. Evangelário", como conferência inaugural da Cátedra Luis Antonio Restrepo Arango: "Novos olhares para a história da Colômbia" (fevereiro de 2013, Fundação lara e Universidade Nacional da Colômbia, Secional de Medellín). A palavra *evangelário* é do escritor cubano Severo Sarduy, que a utilizou em seu grande "romance/absurdo" *De dónde son los cantantes*. Significa "evangelho e abecedário" – a base da educação dos grupos subalternos nas sociedades coloniais hispano-americanas. Para mim significa as regras básicas que trato de pôr em marcha no ofício que pratico: a investigação histórica sobre a sociedade e a reflexão epistemológica e ética sobre essa atividade, no âmbito das ciências sociais e da filosofia.

Este livro foi composto com tipografia Bembo e impresso
em papel Pólen Bold 90 g/m² na Gráfica Paulinelli.